如何高质量开展党委中心组学习

郑寰◎著

人民东方出版传媒
People's Oriental Publishing & Media
東方出版社
The Oriental Press

图书在版编目（CIP）数据

如何高质量开展党委中心组学习 / 郑寰 著 . — 北京：东方出版社，2024.10
ISBN 978-7-5207-3851-4

Ⅰ. ①如… Ⅱ. ①郑… Ⅲ. ①中国共产党—思想政治教育—学习参考资料
Ⅳ. ① D261.1

中国国家版本馆 CIP 数据核字（2024）第 046952 号

如何高质量开展党委中心组学习
（RUHE GAOZHILIANG KAIZHAN DANGWEI ZHONGXINZU XUEXI）

作　　者：郑　寰
责任编辑：申　浩
出　　版：东方出版社
发　　行：人民东方出版传媒有限公司
地　　址：北京市东城区朝阳门内大街 166 号
邮　　编：100010
印　　刷：鸿博昊天科技有限公司
版　　次：2024 年 10 月第 1 版
印　　次：2024 年 10 月第 1 次印刷
开　　本：880 毫米 ×1230 毫米　1/32
印　　张：7.5
字　　数：137 千字
书　　号：ISBN 978-7-5207-3851-4
定　　价：49.00 元
发行电话：（010）85924663　85924644　85924641

目　录

第一章

为什么要提升党委中心组学习质量?

中国共产党是一个重视学习、善于学习的政党。党的十八大以来，以习近平同志为核心的党中央高度重视党员干部理论学习，习近平总书记作出一系列重要论述，提出一系列明确要求，为加强和改进党委中心组学习提供了重要遵循。党中央高度重视党委中心组学习制度化规范化建设，不断丰富学习内容、创新学习方式、规范学习管理、提高学习效果，有力提升了各级领导干部的政治能力、理论素养和工作本领，有力促进了用党的创新理论武装头脑、指导实践、推动工作。面对形势和任务的变化带来的新挑战，必须从战略高度上认识和把握党委中心组学习的重大意义，必须发挥好党委中心组学习示范作用，着力提高党委（党组）理论学习中心组的学习质量，有效带动全党大学习。

第一节 什么是党委中心组学习制度？

我们党是马克思主义学习型政党。一路走来，中国共产党始终深刻理解学习的重要性，把增强学习本领摆在突出的位置，建立了完善的学习制度。一百多年来，我们党之所以不断取得新成就，从根本上说就是因为有马克思主义的指导，就是因为重视学习、善于学习。

党的十一届三中全会以来，各级党委适应改革开放和社会主义现代化建设的要求，坚持不懈地学习马克思主义理论，积极探索领导干部在职学习新的组织形式，逐步建立了党委中心组学习制度。1993 年 11 月，中共中央发出《关于学习〈邓小平文选〉第三卷的决定》，首次明确使用“党委中心组的学习”这个表述。此后，党委中心组作为领导在职理论学习的形式普遍建立起来。党中央高度重视党委中心组学习的重要意义，不断提高学习制度的规范化和制度化水平。1995 年 6 月，中宣部、中组部联合召开经验交流会，提出要进一步使省部党委中心组学习规范化、制度化。在这次会议上第一次对党委中心组学习制度的形成和发展作出了科学定位。2000 年，中组部、中宣部联合下发了《关于加强和改进党委（党组）中心组学习的意见》，对党委中心组学习制度提出了全面要求和具体规定，明确了党委中心组学习的目的和内容。2008年9月1日，党中央对关于党委中心组学习的文件进行了重新修订，以中共中央办公厅文件的形式下发到县团级，有力地推进了党委中心组学习制度的完善和发展。

党的十八大以来，以习近平同志为核心的党中央高度重视党员干部理论学习。习近平总书记作出一系列重要论述，提出一系列明确要求，为新时代加强和改进党委中心组学习提供了根本遵循。2017年1月，中共中央办公厅印发了《中国共产党党委（党组）理论学习中心组学习规则》（以下简称《学习规则》），该规则对党委中心组学习的组织和职责，学习内容、形式与要求，学习管理、考核与问责等进行了详细的规定。2023年9月，中宣部和中组部联合印发《关于进一步提高党委（党组）理论学习中心组学习质量的意见》（以下简称《意见》），重点对党委中心组学习的定位、切实改进学习的方式方法、健全完善相关工作机制等内容进行了明确。2024年4月，中共中央办公厅印发了新修订的《中国共产党党委（党组）理论学习中心组学习规则》。新修订的《学习规则》共5章22条，相比于2017年《学习规则》的5章22条，新增了5条条款，对14条条款进行了修改完善。新修订的《学习规则》对中心组学习的性质、定位、原则进行了修订完善，更加突出中心组学习的政治要求，更加注重提高学习质量。新修订的《学习规则》将中心组学习制度的约束力提到了新的高度，对中心组学习作出更加严密、更加稳定、更加刚性的规定；对中心组学习作出了更为全面的定位，将实践中的一些好经验、好做法用制度的形式固定下来，进一步突出了中心组学习的重要性，提高了中心组学习的地位；对中心组学习的要求作了新的安排、严格的规定，有利于保障中心组学习更加规范有序、更有实效。

实践表明，党委中心组学习，是各级党委（党组）领导班子和领导干部在职理论学习的重要组织形式，是加强党的政治建设、严肃党内政治生活、强化党性修养的重要制度安排。党委中心组学习，是建设学习型服务型创新型的马克思主义执政党、提高党的执政能力和领导水平的重要途径，对全党学习具有“风向标”和“排头兵”作用。《意见》和《学习规则》为加强和改进党委中心组学习提供了基本依据。两个文件的内在要求、精神实质是相同的，但侧重点有所不同:《学习规则》是管全面的，涉及中心组学习的各方面各环节;《意见》主要侧重于提高学习质量和水平，提出针对性强的措施。全面提升中心组的学习质量，就是要以《学习规则》为纲，全面领会其部署，同时把握好《意见》以提高中心组学习质量为重点作出的细化要求和安排，认真贯彻落实党内法规。[①]

第二节　充分认识党委中心组学习的重要意义

当前，世界百年未有之大变局加速演进，实现中华民族伟大复兴进入关键时期，我国发展面临新的战略机遇、新的战略任务、新的战略阶段、新的战略要求、新的战略环境，必须把加强学习、增强本领摆在更加突出的位置，充分发挥党委中心组学习示范引领作用，使广大党员干部思想、能力、行动跟上党中央要求、跟上时代前进步伐、跟上事业发展需要。要从深入推进党的新的伟大事业和党的建设新的伟大工程的战略高度，充分认识党委中心组学习的重要意义。

一、推进伟大事业必须全面提升学习质量

党的二十大明确提出：从现在起，中国共产党的中心任务就是团结带领全国各族人民全面建成社会主义现代化强国、实现第二个百年奋斗目标，以中国式现代化全面推进中华民族伟大复兴。我们党要肩负起新时代新征程的使命任务，必须加强

---

① 《深入学习把握和贯彻落实〈中国共产党党委（党组）理论学习中心组学习规则〉——有关部门负责同志访谈》,《党委中心组学习》2024 年第 3 期。

和改进学习，着力提高党委中心组学习质量。

实现中华民族伟大复兴的中国梦，必须推进中国特色社会主义的伟大事业。坚持和发展中国特色社会主义是一项长期、艰巨的历史任务。站在新的历史起点上，把中国特色社会主义伟大事业推向前进，我们还面临着不少的短板和不足、困难和挑战。我们党清醒地认识到，进入新时代后，外部环境变化带来许多新的风险挑战，国内改革发展稳定面临不少长期没有解决的深层次矛盾和问题以及新出现的一些矛盾和问题。改革进入攻坚期和深水区，发展进入关键期，社会矛盾进入多发期，党治国理政面临重大考验。

党的十八大以来，习近平总书记对关系新时代党和国家发展的一系列重大理论和实践问题进行了深邃思考和科学判断，就新时代坚持和发展什么样的中国特色社会主义、怎样坚持和发展中国特色社会主义，建设什么样的社会主义现代化强国、怎样建设社会主义现代化强国，建设什么样的长期执政的马克思主义政党、怎样建设长期执政的马克思主义政党等重大时代课题，提出一系列原创性的治国理政新理念新思想新战略。在新的历史条件下坚持和发展中国特色社会主义，只有全面加强全党的理论学习，才能把坚持走自己的路与顺应世界大势贯通起来，不断增强中国特色社会主义的道路自信、理论自信、制度自信、文化自信。

党的十八大以来，我们党推动党和国家事业取得历史性成就、发生历史性变革，推动我国迈上全面建设社会主义现代化国家新征程，我国进入了一个新的发展阶段，将以中国式现代化全面推进中华民族伟大复兴。中国式现代化主要特征是人口规模巨大、全体人民共同富裕、物质文明和精神文明相协调、人与自然和谐共生、走和平发展道路。中国式现代化创造了人类文明新形态，展现出现代化的新图景。一方面，推进中国式现代化，是一项前无古人的开创性探索性的事业，还有许多未知领域，还有许多东西需要我们深化认识。另一方面，推进中国式现代化是一个系统工程，需要统筹兼顾、系统谋划、整体推进，正确处理好一系列重大关系。这都要求全党必须加强和改进学习，全面提升执政本领，只有这样才能顺利地推进中国式现代化。

领导干部学不学习不仅仅是自己的事情，本领大小也不仅仅是自己的事情，更是关乎党和国家事业发展的大事情。随着形势和任务的变化，本领不足的情况是普遍存在的。习近平总书记指出："面对新情况新问题，由于不懂规律、不懂门道、缺乏知识、缺乏本领，还是习惯于用老思路、老套路来应对，蛮干盲干，结果虽然做了工作，有时做得还很辛苦，但不是不对路子，就是事与愿违，甚至搞出一些南辕北辙的事情来。这就叫新办法不会用，老办法不管用，硬办法不敢用，软办法不顶用。我看这种状态，在党内相当一个范围、相当一个时期都是存在的。因此，全党同志特别是领导干部，都要有本领不足的危机感，都要努力增强本领，都要一刻不停地增强本领。”[①]要有知识不足、本领不足、能力不足的紧迫感，自觉加强学习、加强实践，永不自满、永不懈怠，努力增强学习本领。

二、抓住新的战略机遇必须全面提升学习质量

只有加强和改进学习，才能紧紧抓住新的战略机遇。回顾近代以来的历史，我们党深切地感受到抓住机遇、赶上时代的极端重要性。从18世纪中叶到19世纪中叶，是西方工业革命发轫和蓬勃发展的时期，当时清朝统治者闭关锁国、夜郎自大，失去了工业革命带来的发展机遇，导致我国经济技术发展大大落后于世界。从19世纪中叶到20世纪中叶，在西方坚船利炮的攻击下，我国沦为半殖民地半封建社会，根本没有条件进行国家建设，也没有条件赶上时代前进步伐。20世纪六七十年代，国际上兴起一场科技革命和产业变革，东亚一些国家和地区抓住这个机会发展起来了，我国正处于十年动乱，错失了良机。直到党的十一届三中全会召开，我们才抓住机遇，使

① 习近平:《在中央党校建校80周年庆祝大会暨2013年春季学期开学典礼上的讲话》，人民出版社2013年版，第5页。

国家发展大踏步赶了上来。

当前，世界百年未有之大变局加速演进，新一轮科技革命和产业变革深入发展，国际力量对比深刻调整，我国发展面临新的战略机遇。与过去相比，机遇和挑战都有新的变化，机遇和挑战之大都前所未有，但总体上机遇大于挑战。只有通过提升学习本领，才能真正识别和把握机遇，抢占战略制高点。一方面，我们正面临经济全球化进程的深刻转变，世界经济结构深度调整为中国发展壮大提供了历史机遇，提供了新的可能。另一方面，我们正面临着推进科技创新的重要历史机遇。新一轮科技革命催生出新的发展动能，带来千载难逢的发展机遇。党内外、国内外环境的深刻变化，工作对象和工作条件的深刻变化，知识更新周期大大缩短，对我们党的学习本领提出许多新的要求。必须通过加强和改进党委中心组学习，全面提升干部的学习本领。

与过去相比，我们党的学习任务更重了。我国发展面临新的战略机遇、新的战略任务、新的战略阶段、新的战略要求、新的战略环境，决策的难度和复杂性前所未有。我国发展领域不断拓宽、分工日趋复杂、形态更加高级、国际国内联动更加紧密，对党领导发展的能力和水平提出了更高的要求，对领导干部的专业思维、专业素养提出了新的要求。那种习惯于拍脑袋作决策的做法，已经很难适应新形势新任务的需要。新形势下，更加注重对国内外经济形势的分析和研判，完善决策机制，要加强和改进党委中心组的学习，充分发挥参与学习成员的专业性，使集体智慧超越个人智慧，提高科学决策的能力；要进一步提升学习成果的转化，确保制定出台的重要政策措施符合发展规律。

三、应对风险挑战必须全面提升学习质量

只有加强和改进学习，才能解决应对复杂的矛盾、风险、挑战。与过去相比，我国的战略机遇期的内涵和条件也发生了新的变化，国际和周边安全环境更趋复杂。党的二十大报告明确指出，我国发展进入战略机遇和风险挑战并存、不确定难预料因素增多的时期，各种“黑天鹅”“灰犀牛”事件随时可能发生。当前，世界百年未有之大变局加速演进，世纪疫情影响深远，逆全球化思潮抬头，单边主义、保护主义明显上升，世界经济复苏乏力，局部冲突和动荡频发，全球性问题加剧。我们党需要应对的风险和挑战，需要解决的矛盾和问题比以往更加错综复杂。如果防范不及、应对不力，就有可能传导、叠加、演变、升级，使小的矛盾风险挑战发展成大的矛盾风险挑战，局部的风险矛盾挑战发展成系统的矛盾风险挑战，国际上的矛盾风险挑战演变为国内的矛盾风险挑战，经济、社会、文化、

生态领域的矛盾风险挑战转化为政治矛盾风险挑战，最终危及党的执政地位、危及国家安全。

当前，世情、国情、党情出现了新的变化。在今后的前进道路上，可以预见，来自各方面的困难、风险、挑战肯定会不断出现，关键看我们有没有克服它们、战胜它们、驾驭它们的本领。随着中国的发展壮大，不断出现了许多新情况新问题。现在，我们遇到的问题中，有些是老问题，是我们长期努力解决但还没有解决好的问题，或者是有新的表现形式的老问题，但大量的是新出现的问题。新问题每时每刻都在出现，而且多数又是我们过去不熟悉或者不太熟悉的，要解决好这些问题，就需要党员领导干部加强学习，增强自己的本领，把学到的知识运用于实践，在实践中增强解决问题的新本领。

只有加强学习，才能增强工作的科学性、预见性、主动性，才能使领导和决策体现时代性、把握规律性、富于创造性，避免陷入少知而迷、不知而盲、无知而乱的困境，才能克服本领不足、本领落后的问题。对复杂的风险挑战，各级领导干部要加强学习，未雨绸缪采取应对措施。领导干部要拓宽国际视野，学习和吸取国内外发展的经验教训，分析和预判可能面临的新情况新问题，研判未来的发展趋势。要防范风险应对挑战、应对突发事件，只有通过学习获得专业化知识和能力，才能严密防范化解各种隐患，有效识别风险，积极稳妥处置突出风险点，早预警、早发现、早处置。

四、深入推进新时代党的建设新的伟大工程，必须全面提升学习质量

着力提高党委中心组学习质量，是深入推进党的建设新的伟大工程的必然要求。要把新时代坚持和发展中国特色社会主义这场伟大社会革命进行好，我们党必须勇于自我革命，把党建设得更加坚强有力，深入推进新时代党的建设新的伟大工程。

把党的建设作为一项伟大工程来推进，是我们党的一大创举，是我们党领导人民进行伟大社会革命的重要法宝。1939年，毛泽东同志在《〈共产党人〉发刊词》中强调，要赢得革命的最终胜利，就必须把中国共产党建设成为“一个全国范围的、广大群众性的、思想上政治上组织上完全巩固的布尔什维克化的中国共产党”，强调建设好这样的党，是一项伟大工程，要赢得革命最终胜利，必须抓好这个伟大工程。面对新时代的各种挑战，就是要一以贯之地推进党的建设新的伟大工程，把党建设成为始终走在时代前列、人民衷心拥护、勇于自我革命、经得起各种风浪考验、朝气蓬勃的马克思主义执政党。

只有加强和改进学习，才能用科学理论武装头脑，坚定

理想信念。我们党是世界上最大的马克思主义政党，大有大的难处。习近平总书记指出："把这么大的一个党管好很不容易，把这么大的一个党建设成为坚强的马克思主义执政党更不容易。马克思主义政党不是因利益而结成的政党，而是以共同理想信念而组织起来的政党。"[①]历史和现实都告诫我们：全党理想信念坚定，党就拥有无比强大力量；全党理想信念淡薄，党就会成为乌合之众，风一吹就散。坚定理想信念，必须加强学习。要用马克思主义科学理论武装头脑，把理想信念建立在对科学理论的理性认同上，建立在对历史规律的正确认识上，建立在对基本国情的准确把握上。

只有加强和改进学习，才能保证全党的思想和行动的统一。旗帜鲜明讲政治是我们党作为马克思主义政党的根本要求。讲政治最根本的就是要讲党性，在思想政治上讲政治立场、政治方向、政治原则、政治道路，在行动实践上讲维护党中央权威、执行党的政治路线、严格遵守党的政治纪律和政治规矩。党的政治建设的首要任务，就是保证全党服从中央，坚持党中央权威和集中统一领导。加强政治学习，对牢固树立"四个意识"、提升干部的政治能力至关重要。只有在思想上深刻领悟"国之大者"，对党的创新理论和决策部署，对党的政

① 《习近平著作选读》第二卷，人民出版社 2023 年版，第 106 页。

治纪律和政治规矩了然于心，才能在思想上政治上行动上同党中央保持高度一致。

只有加强和改进学习，才能全面提升执政本领。全面建设社会主义现代化国家的艰巨任务、实现中华民族伟大复兴的历史使命，对我们党提出了前所未有的新挑战新要求。党和国家事业越发展，对领导干部的能力要求必然越高。党的十九大对领导干部提出了全面增强执政本领的要求。要增强学习本领、政治领导本领、改革创新本领、科学发展本领、依法执政本领、群众工作本领、狠抓落实本领、驾驭风险本领。党的二十大又进一步提出，要增强干部推动高质量发展本领、服务群众本领、防范化解风险本领，加强干部斗争精神和斗争本领养成，着力增强防风险、迎挑战、抗打压能力。面对新的挑战，就要补强本领上的短板、能力上的不足，不断推动能力的持续升级、不断扩容。这就要求全党增强学习新知识、掌握新本领的自觉性和紧迫感，不断掌握新知识、熟悉新领域、开拓新视野，全面提高领导能力和执政水平，否则就无法适应世界的变化，无法应对形势和任务带来的新挑战。

第三节　党委中心组学习的质量亟待进一步提高

改进和完善党委中心组学习制度，是建设马克思主义学习型政党的必然要求。改革开放以来，党委中心组学习逐步制度化规范化，对推动全党干部的理论学习起到十分重要的作用。当前，党内的学习风气和学习情况总体上是好的，各级党委中心组在组织党员学习方面取得很大成绩。但同时必须清醒地看到，面对新形势新任务，党委中心组学习的质量还有待进一步提高，一些党员干部和党组织的学习状况确实不容乐观，学习自觉性有待提高。这些问题既有党员干部个人层面上的，又有党组织层面上的，背离了建设马克思主义学习型政党的要求。

一、当前党员干部个人学习存在的问题

在党员干部个人层面上，主要表现为部分党员干部学风不正的问题。学风问题是关系党的事业兴衰成败的一个重大政治问题。习近平总书记在谈到党内存在的学风问题时指出：“有些党员干部不思进取、碌碌无为，不愿学；有些党员干部热衷应酬、忙于事务，不勤学；有些党员干部装点门面、走走形式，不真学；有些党员干部心浮气躁、浅尝辄止，不深学；有些党员干部食而不化、学用脱节，不善学。”这都是影响学习成效的主要问题。

一是心浮气躁，缺乏定力。古人说：“心浮则气躁，气躁则神难凝。”学习切忌急功近利。当前，有的党员干部学习兴

趣不浓，学不进去，学习走形式装样子。党员干部和党组织在学习中，要力戒浮躁，避免功利式学习。一些党员干部的学习动机不纯，学习与思考脱节，虽然看了不少材料，但是没有真正内化于心、学出情怀境界、深入思考理论内涵。一些领导干部静不下心来，整天处于“热运行”状态，对工作缺乏“冷思考”。学习只有做到静心思考，冷静处事，才能够学有所得，做到“静而后能安，安而后能虑，虑而后能得”。这种浮躁的心态，严重影响了学习的成效。

二是学习不够主动，习惯于被组织推着学。一些干部缺乏使命感和进取精神，没有强烈的求知欲望。现在，有的党员干部对理论学习不重视，把自学变不学。有的党员干部总是以工作太忙没有时间为借口，没有把学习当成一种责任。听上去好像有些道理，但这绝对不是放松学习的理由。有的干部学风不浓、玩风太盛。这样“以其昏昏、使人昭昭”是不行的！是要贻误工作、贻误大事的！不注意学习，忙于事务，思想就容易僵化、世俗化。有的领导干部平时自学少，集体学习中也仅限于完成“规定动作”，积极主动学不够。有的党员干部借口工作忙压根儿没有真学，变学习任务为他人“替我学”“帮我写”，谈体会、讲部署时捧着稿子一念了之；有的党员干部理论学习存在惰性，爱走捷径，习惯于将会议传达、讲座报告等作为理论学习的主渠道，从专家解读和名句摘录中获取二手资料。

三是学习不够系统深入，肤浅化、随意化、碎片化。一些党员干部的学习缺乏系统性，感兴趣的就学、不感兴趣的就不学。学习必须追求真学问，求真理、悟道理、明事理，不能满足于碎片化的信息、快餐化的知识。要通过学习知识，掌握事物发展规律，通晓天下道理，丰富学识，增长见识。有的党员干部理论学习没有清晰的目标，学习内容较为随意，看到一点学习一点，缺乏规划计划，缺少系统观点，未在头脑中搭建马克思主义的理论体系，整体把握能力不足。还有些党员干部满足于听故事、讲故事，爱好猎奇，影响了学习效果。

四是学习缺乏恒心，浅尝辄止，不求甚解。为学之要贵在勤奋、贵在钻研、贵在有恒。只有勤奋下功夫，才能求得真学问。有的党员干部学习不用功，想起来就学一学，三天打鱼两天晒网。有的党员干部拿学习来装门面，摆花架子。一些党员干部学习中存在形式主义的现象，假装很勤奋，学习装模作样。有的领导干部在学习上搞走过场式的“花架子”，无论中央有多少新部署新要求，依旧年复一年照本宣科，发言材料空话连篇、言不由衷，摆拍、留痕后就以为万事大吉。有的党员干部在学习发言中“金句”频出，当众表态调门儿高，实际是有口无心“空对空”，没有走心走深走实。

五是缺乏取舍能力，被不良信息误导。互联网时代对党员干部的信息接收和学习方式产生了巨大影响。随着信息社会不断发展，新媒体影响越来越大。充斥网络的大量信息鱼龙混杂、良莠不齐，有的虚假失真，有的缺乏知识含量，对党员干部筛选和取舍信息的能力提出了挑战。领导干部要善于识别虚假错误的信息，避免不良信息的影响，学会用正确的立场观点方法分析问题。

二、当前组织学习方面存在的问题

从组织学习方面来看，主要存在学习定位把握不够准确、学习不够主动、研讨不够深入、学习方式缺乏吸引力、制度执行不够有力、学用结合不够紧密等问题。这些问题，制约了党委中心组学习的质量。

一是学习定位把握不够准确。党委中心组学习要以政治学习为根本，科学设置学习内容。党委中心组学习的一项战略任务就是组织和推动党员、干部加强对党的创新理论的系统学习，真正用党的创新理论武装头脑、指导实践、推动工作。但是，有的党组织不善于区分政治学习与业务学习，甚至以工作部署、业务培训等代替党委中心组学习，弱化了党委中心组学习的政治性；有的党组织不注意区分党委中心组学习与党委常委学习等其他学习形式的不同功能，以一般性传达学习代替了理论学习。有的党组织热衷于形式，搞得阵势很大，但学习的针对性不强，学习效果不佳。

二是研讨不够深入。党委中心组的学习是为了促进交流思想，提升组织创新的能力。学习型组织的建设是为了使集体学习超越个人的学习，促成组织内部的交流和对话。但在实践中，有的党委中心组学习变成了书记和一把手的一言堂，学习参与者的积极性和主动性调动不起来，参与度较低。学习缺乏深入的研讨，有的学习中听不得不同意见和反面意见，不能够包容和尊重不同的想法，不断求同存异，增进思想共识。

三是学习方式缺乏吸引力。在理论学习方面，有意义的多，有意思的少。有的开展学习思路不开阔，形式单一、方法简单，在引导党员加强日常学习、激发学习内在动力上缺乏有效措施。一些干部认为，尽管理论学习很有意义，但理论本身相对晦涩难懂，难以产生学习兴趣。理论学习都是通过传达学习、讲座报告、集中研讨等形式，很多时候都是照本宣科，互动性不强，难以激发学习热情。

四是制度执行不够有力。党委中心组学习制度已经对学习的内容、方式和数量进行了详细的规定，但是仍然有一些地方和部门执行不严格，影响了学习的成效。有的地方学习制度不健全，或满足于把制度挂在墙上，却很少落实到行动上。有的地方是简单要求多，没有结合本单位本领域工作实际，明确学习要点和重点，量身定制学习计划。有的地方考核不严格，对规定必学的资料学与不学、学得好与不好缺乏考核，也难以考核。在制度执行方面也缺乏惩罚措施，没有把不重视学习作为考核的内容，一定程度上出现了学多学少、学好学坏都一样的现象。

五是学用结合不够紧密。党内存在学习与运用脱节、理论脱离实际的问题。有的学用脱节，学归学，做归做。一些地方的学习没有找准理论和业务的结合点，甚至认为理论学习和业务工作存在不可调和的矛盾。还有的干事创业不善于寻找理论指导，实际工作中做决策、定措施习惯于用“老办法”，依靠经验解决问题，不善于从党的理论创新中寻找解决问题的金钥匙。还有的不善于把学习成果转化为干事创业的实际本领，不能灵活运用战略思维、系统思维、历史思维、底线思维等。

面对当前领导干部理论学习存在的问题，必须着力提高党委中心组学习质量，有效带动全党大学习，全面提高执政本领，牢牢掌握历史主动，更好肩负起新时代新征程党的使命任务。在新的形势下，加强和改进党委中心组的学习，要坚持质量为先，辩证把握党委中心组学习的数量和质量、形式和内容、过程和效果的关系，确保学在新处、学在深处、学在实处；要汲取党的历史上的成功经验和有益做法，继承优良的学风；要牢牢把握学习的根本要求，坚持围绕中心、服务大局，把准学习的定位和方向；要坚持理论与实际相结合，坚持知行合一、学以致用；要科学设置学习的内容，坚持问题导向，注重实效，健全落实成果转化机制；要全面完善党委中心组学习的管理，健全组织管理机制，压实领导责任，做好服务保障；要优化党委中心组学习的考核评估和问责，强化考核问责机制，坚持依规管理、从严治学，为党委中心组学习提供保障。

第二章

继承和发扬我们党重视学习的优良传统

我们党历来重视抓全党特别是领导干部的学习，这是推动党和人民事业发展的一条成功经验。在革命、建设和改革各个时期，面对新形势新任务，我们党总是号召全党同志加强学习，每次这样的学习热潮，都能推动党和人民事业实现大发展大进步。通过建立学习制度，我们党有组织有目的有系统地进行学习，逐步建立起较为完善的学习制度，为统一全党的思想和行动，推动革命建设和改革的胜利起到了重要作用。继承和发扬我们党思想建党理论强党的优良传统，发挥我们党重视学习、善于学习的政治优势，是新的历史条件下提高党委中心组学习质量的重要内容。

第一节　延安时期加强学习的好经验

中国共产党自成立以来，就是一个重视学习、善于学习的政党。在长期的革命实践中特别是延安时期，我们党对领导干部的学习组织形式进行了创造性探索。我们党加强对高级干部学习的统一领导，建立了党的学习制度。中央成立了中央学习组，统一管理指导延安及各地高级学习组的学习，后来又成立总学习委员会（简称总学委），深入开展党的学习运动。这些初步探索，对统一全党思想，把中国共产党建设成为一个全国范围的、广大群众性的、思想上政治上组织上完全巩固的布尔什维克化的党起到了重要作用。

为了解决我们党在思想理论建设上的不足，毛泽东在1938年召开的中共扩大的六届六中全会上，提出了学习的任务，号召全党必须努力学习马克思列宁主义理论，动员全党学习研究中国历史，学习研究中国抗日战争的情况和发展趋势。在这个重要讲话中，毛泽东提出了要使“马克思主义中国化”这一重大问题。他说：“在担负主要领导责任的观点上说，如果我们党有一百个至二百个系统地而不是零碎地、实际而不是空洞地学会了马克思列宁主义的同志，就会大大地提高我们党的战斗力量，并加速我们战胜日本帝国主义的工作。”[①]1940年3月20日，党中央在关于在职干部教育的指示中指出：“凡环境许可的地方，可依类编成学习小组。学习小组每月开讨论会二次。”“学习小组的讨论会，应采用生动的座谈会的方式，相互间应采取同志的友谊的讨论态度，不可采取‘斗争’及‘戴大帽子’的方式。”[②]

面对当时党内存在的理论脱离实际的严重问题，毛泽东提出要改造全党的学风，改造全党的学习方法和学习制度。1941年5月19日，毛泽东同志在延安干部会上作了《改造我们的学习》的报告，批判了理论和实际脱离的主观主义，特别是教条主义。在报告中，毛泽东同志深刻分析了党的学风状况，批评了在马克思列宁主义和中国革命实际相结合方面还存在问题。他指出，干部学习的坏风气有三种情形，即不注重研究现状，不注重研究历史，不注重马克思列宁主义的应用。许多同志“对于国内外、省内外、县内外、区内外的具体情况，不愿作系统的周密的调查和研究，仅仅根据一知半解，根据‘想当然’，就在那里发号施令，这种主观主义的作风，不是还在许多同志中间存在着吗”。[③]

---

① 《毛泽东选集》第2卷，人民出版社1991年版，第533页。

② 蒋建农主编，《中国共产党的建设》(第三册)，中华书局2021年版，第338页。

③ 《毛泽东选集》第3卷，人民出版社1991年版，第797页。

毛泽东同志高度重视并亲自草拟、审定关于高级学习组的相关文件和通知，亲自推动健全科学的学习机制和组织领导机制。1941 年 8 月，毛泽东同志提议：“要彻底打破目前党内教学方法与思想方法上的主观主义与形式主义，决定由张闻天等组成委员会，研究改造学习的办法，并起草有关的决定。”为了加强中央对全党思想上的领导，由中央同志组成思想方法学习小组，毛泽东同志任组长。1941 年 9 月到 10 月，中共中央政治局扩大会议召开。这次会议决定，成立中央研究组（又称中央学习组），毛泽东同志为中央研究组组长，王稼祥同志为副组长。

1941 年 9 月 26 日，中共中央书记处工作会议正式通过了中央关于高级学习组（又称高级研究组）的决定。同日，发出了经过毛泽东同志修改的《关于高级学习组的决定》。决定指出：成立高级学习组的目的是“提高党内高级干部的理论水平和政治水平”。中央学习组以中央委员为范围；高级学习组以中央、各中央局、中央分局、区党委或省委委员，八路军新四军各主要负责人，各高级机关某些干部，各高级学校某些教员为范围，全国以三百人为限，内延安占三分之一，外地占三分之二。[①] 延安及外地各重要地点，均设立高级学习组，军队

① 中共中央文献研究室编：《毛泽东书信选集》，中央文献出版社 2003 年版，第 172 页。

至师、军区或纵队为止，地方至区党委或省委为止。高级学习组设组长、副组长及学习秘书各一人。学习组之下分设若干学习小组，由小组长负责。延安及各地高级学习组统归中央学习组管理指导，按时指定材料，总结经验，解答问题。[①] 根据文件精神，1941 年 10 月 6 日，周恩来主持中共中央南方局会议，决定周恩来为西南学习组组长，董必武为副组长。10 月 15 日，刘少奇主持中共中央华中局会议，决定刘少奇任组长，饶漱石任副组长。11 月 29 日，中共军委发布《关于高级军事干部学习的决定》，决定在中央学习组之下设立军事高级学习组，朱德任组长，叶剑英为副组长。

为了进一步强化对各地学习组的领导，毛泽东同志主持专门讨论干部学习问题，亲自起草了《关于高级学习组组织条例》和实施条例。在《关于各地应即组织高级学习组的指示》中指出："请即根据中央关于高级学习组的决定，加以考虑，规定各地参加高级学习组的名单（注明现任职务及党龄）及其组长、副组长、秘书，电告中央，以便指定材料，开始学习。"1941 年 10 月 24 日，中共中央书记处工作会议又专门讨论了干部学习问题，会议决定：延安党与政治工作的高级干部，由中央学习组领导，先学习理论部分；各种专门干部，

① 《延安学习运动期间高级学习组相关文献选载》（一九四一年九月—十二月），《党的文献》2011 年第 2 期，第 3 页。

应将理论学习和自己的学习工作相联系。毛泽东同志还委托任弼时、李富春、胡乔木审定提出参加思想方法学习组的名单。1941 年 11 月，中共中央书记处通过了《高级学习组组织条例》。毛泽东同志亲自起草实施条例的通知指出："近因各地高级学习组组织或宽或严，未能一致；由中央逐一审查批准，势不可能。特制定高级学习组组织条例，各地收到后，即根据此条例加以审查，决定去取，除组长、副组长、秘书三人须向中央报告其姓名、业务外，其余可只报人数。"①

在延安学习运动开展之后，为健全各单位的学习组织和领导，不断改进学习方法，中央在 1942 年 6 月成立了中央总学习委员会，由毛泽东同志负总责。中央总学习委员会设立巡视团巡视员，解答各方面所提出的问题。总学委抽阅延安高级干部的学习笔记。中央总学习委员会成立后，对领导学习的方式进行了调整。要求参加中央学习组的全体同志编组研究某些重要文件。先行讨论《联共党史》结束语及《论布尔什维克化十二条》两个文件，并准备测验和调阅笔记。参加中央学习组的党、政、军、民各方面的同志，混合编为十个小组，毛泽东为第一组组长，高岗、谢觉哉为副组长。对总学委抽阅各系统的笔记作了分工，毛泽东和彭真负责抽阅党校系统的笔

① 《延安学习运动期间高级学习组相关文献选载》(一九四一年九月—十二月),《党的文献》2011 年第 2 期，第 342 页。

记。[①]1942年6月8日，中共中央宣传部发出《关于在全党进行整顿三风学习运动的指示》，具体指出：党的高级领导机关必须成立学习总委员会，各部门各单位成立学习分会。学习时期规定为四个月到五个月，起止时间由各地自行决定。延安的高级学习组在实践中积累了大量成功经验，许多做法至今具有重要借鉴意义。

一是严格学习组组员资格，精心编组参加学习者。《高级学习组组织条例》规定："高级学习组组员资格，因学习内容不同，应分为政治组与理论组。为使政治组与理论组能成为高级的，而不是普通的学习机关起见，必须规定组员的具体条件。"对于政治组的成员来说，主要以研究政治实践为目的，要求具备四个合格条件：（甲）以现任及曾任党的区委以上，军队中旅级以上，及相当于这一级的各种工作干部为基础选择组员。（乙）党龄一般须在抗战前入党，个别的可以在抗战后入党。（丙）文化水平须确能阅读并理解党的历史文件，文化及理解力低者不应列入。（丁）确能遵守组织纪律，未经允许，不得将学习会中涉及党内秘密的争论或结论向外宣布。四条缺一即不应编入政治组。对于理论组的成员来说，以研究政治理论与思想方法为目的。以各种工作干部中之具有更高的文化水

① 《毛泽东年谱：一八九三到一九四九》（上卷），中央文献出版社2021年版，第38页。

平与理论修养，确能阅读理解《哲学选辑》等书者方为合格，党龄不加限制。高级学习组之编组，以地域相近而又工作系统相同者为适宜，但如某一地区人数过少，亦可以工作系统不同者混合编制。①

二是明确学习方针和阅读材料，适时调整阅读书目。中央学习组成立后，先后发布《中央研究组及高级研究组研究方针和阅读材料》《理论研究阅读材料目录》等文件，详细制定了学习书目。1941 年 9 月 29 日，毛泽东同志以中央研究组组长的身份专门给中央研究组和高级研究组写信。他指出：本组的研究方针，以理论与实际联系为目的。关于实际方面的材料，请各同志看六大以来的文件。关于理论方面，暂时要以研究思想方法论为主。为此，他推荐了四本书，还列明了版本。包括：（一）《共产主义运动中的“左派”幼稚病》（1939 年解放社）；（二）艾思奇译《新哲学大纲》第八章“认识的过程”（即《哲学选辑》第四章）；（三）李达等译《辩证唯物论教程》第六章“唯物辩证法与形式论理学”；（四）河上肇《经济学大纲》的“序说”（已经油印发出）。②11 月 1 日，中央学习组又向各地高级学习组发出通知，规定了各地高级学习组理论部分

① 《延安学习运动期间高级学习组相关文献选载》（一九四一年九月—十二月），《党的文献》2011 年第 2 期，第 10 页。

② 《延安学习运动期间高级学习组相关文献选载》（一九四一年九月—十二月），《党的文献》2011 年第 2 期，第 10 页。

的研究材料共十件。包括季米特洛夫在共产国际第七次代表大会上的报告、结论和闭幕词，《联共党史》结束语，《论共产主义运动中的“左派”幼稚病》，艾思奇译的《新哲学大纲》第八章，李达等译的《辩证唯物论教程》第六章等。[①] 中央学习组不断调整和开出阅读书单，起到了重要作用。

三是不断结合新变化制订学习计划，适时调整学习研究的范围。中共中央书记处工作会议对学习组计划进行深入讨论。从最初以思想方法论为主，改为学习中共党史，不断结合学习的情况进行相应调整。1941 年 9 月发布的《关于高级学习组的决定》明确了高级学习组的学习内容：“以理论与实践统一为方法，每一期半年，研究马恩列斯的思想方法论与我党二十年历史两个题目，然后再研究马恩列斯与中国革命的其他问题，以达克服错误思想（主观主义及形式主义），发展革命理论的目的。”[②] 1941 年 11 月 4 日，中央学习组发出关于学习内容的通知说：“第一步均以列宁主义的政治理论与我党六大以来的政治实践为中央学习组及各地高级研究组学习研究范围。”“暂不进行关于思想方法论的研究。”毛泽东同志、王稼祥同志确定了 70 多篇选读篇目。到 1942 年 3 月 27 日，新的学习计划又指出：“决定通读《六大以来》一书的计划告一段

---

① 《毛泽东年谱：一八九三到一九四九》（上卷），中央文献出版社 2021 年版，第 337 页。
② 《毛泽东年谱：一八九三到一九四九》（上卷），中央文献出版社 2021 年版，第 329 页。

落，从下周起开始研究中共党史与中国革命史，首先请毛泽东报告中共发展三个时期的轮廓。”中共中央书记处工作会议还决定：本年内首先注重党的路线的学习，然后再进行各种专门业务的精研。

四是建立调查研究制度，设置调查研究机关。为了彻底消灭主观主义的作风，中国共产党改进了调查研究的制度。1941年8月1日，中央发布了《中共中央关于调查研究的决定》。该决定指出：“所了解者仍然是粗枝大叶的漫画式的，缺乏系统的周密的了解，主观主义形式主义的作风并未彻底消灭。”针对这些问题，该决定提出了具体的办法来改进调查研究工作。比如，中央设置调查研究机关，成立了调查研究局，毛泽东为主任，任弼时为副主任。下设情报部、政治研究室、党务研究室，毛泽东兼政治研究室主任。调查研究局主要搜集国内外政治、军事、经济、文化及社会阶级关系各方面材料，加以研究。各中央局、中央分局、独立区域的区党委或省委，八路军、新四军之高级机关，各根据地高级政府，均须设置调查研究机关，搜集有关该地敌友我政治、军事、经济、文化及社会阶级关系各方面材料，加以研究，以为各地工作的直接助手，同时供给中央以材料。这份文件还对搜集材料的方法，邀请有经验的人开调查会，利用干部会、代表会搜集材料，个别人口头询问等进行了规定。

五是加强学习检查，深入开展学习活动。我们党抓紧党内教育，紧密结合改造作风来开展学习。毛泽东同志在中央学习组活动上发表了许多重要讲话，围绕党内问题进行深入解答。比如，1942 年 3 月 30 日，毛泽东同志在中央学习组活动中作了《如何研究中共党史？》的报告；1942 年 4 月 20 日，在中央学习组活动中作关于整顿三风的报告；1942 年 5 月 28 日，在中央学习组活动中发表了《文艺工作者要同工农兵相结合》。在这些学习活动中，要求写笔记，不仅首长要写，班长、小组长也都要写。中央领导同志分工对各系统进行领导。毛泽东同志提议，在学习与检查工作时期内，编辑《学习》专刊，在《解放日报》第四版上发表，每三日出刊一次，组织陆定一为主任的编辑委员会。

六是不断改进学习方法，领导全党开展研究。学习的推进是循序渐进的，先以通读为主，获得初步概念，再进行深入研究。比如，在 1941 年 11 月 4 日制定的《本年内的学习任务及学习方法》就明确："在本年内先将季米特洛夫在国际七次大会报告及列宁《左派幼稚病》二书与六大以来八十三个文件通读一遍。这种通读，目的在于获得初步概念，以便在明春可进到深入阶段。"[①] 要求"在通读期间不求详细讨论，但各组长必

---

① 《毛泽东年谱：一八九三到一九四九》（上卷），中央文献出版社 2021 年版，第 329 页。

须负责采取适当办法检查全体组员是否确实读过指定材料，解答阅读中的疑难”[①]。中央学习组要求学习规定文件的时候，应当真正写出自己的心得和自己的反省。中央学习组副组长王稼祥还结合学习情况专门总结了一些经验：（一）要设讲座。许多文件中的名词、历史事实等都要帮助解释。几个文件合并传送，学习讨论后作一次总的解答。（二）领导与自学问题，时间不够。丙类干部学习文件减少到十五个。（三）笔记已经做了，要看笔记很困难。（四）组织问题——督促组长和召开组长联席会议。（五）讨论会是否可以出一些题目，由中宣部出题目。[②]

七是紧密结合历史来学习和研究。毛泽东同志特别强调，高级干部要结合历史来学习和研究。在延安整风开始前后，他又要求高级干部学习组阅读《六大以来》这本书，研究党的整个发展过程，要求高级干部把党的路线政策的历史发展搞清楚。要求研究哪些是过去的成功和胜利，哪些是失败，前车之鉴。要系统地考虑我们过去所走的路和取得的经验。毛泽东同志强调，全党学习和研究要采取“古今中外法”。研究问题须征集当前的与历史的、中国的与外国的各种材料、论著，加以

① 《延安学习运动期间高级学习组相关文献选载》（一九四一年九月—十二月），《党的文献》2011 年第 2 期，第 8 页。
② 《王稼祥年谱》，中央文献出版社 2001 年版，第 325 页。

分析与综合。毛泽东同志在中央学习组作的《如何研究中共党史》报告中对“古今中外法”作了通俗的讲解。他指出:“所谓‘古今’就是历史的发展,所谓‘中外’就是中国和外国,就是己方和彼方。”毛泽东同志亲自领导全党进行学习,要求先通读基本文献再循序渐进进行深入研究。

八是强调理论联系实际,紧密结合工作开展学习。学习组开展学习的目标很明确,为的是改变学风,彻底消灭党内存在的主观主义。毛泽东同志指出:“反对主观主义以整顿学风,反对宗派主义以整顿党风,反对党八股以整顿文风,这就是我们的任务。”他又指出:“我们党内的主观主义有两种:一种是教条主义,一种是经验主义。”“但是在这两种主观主义中,现在我们党内还是教条主义更为危险。”毛泽东同志强调要把马克思主义原理与中国实际相结合。“我们要把马、恩、列、斯的方法用到中国来,在中国创造出一些新的东西。只有一般的理论,不用于中国的实际,打不得敌人。但如果把理论用到实际上去,用马克思主义的立场、方法来解决中国问题,创造些新的东西,这样就用得了。”①

中央学习组、高级学习组为提高党内高级干部的理论水平和政治水平,克服主观主义和形式主义,改进党的作风起到了

① 《毛泽东文集》第二卷,人民出版社1993年版,第408页。

重要作用。通过建立健全高级学习组的制度机制，对整个学习运动的深入开展、对学习目标的最终实现提供了重要的组织保障。通过学习，党的高级领导干部进一步掌握了以马克思列宁主义的普遍真理同中国革命的具体实践相结合的原则，提高了领导干部的政治理论水平，解决了党内存在的突出问题，为我们党加强自身建设提供了宝贵经验。

第二节　新中国成立初期干部理论学习的正规化

新中国成立后，我们党面临社会主义建设的新任务新环境。为适应社会主义建设的需要，党中央曾经连续发出多个文件，对加强干部理论学习作出了明确规定，进一步完善了学习制度，推动领导干部的理论学习逐步走向正规化，各种形式的领导干部学习小组在实践中进一步完善和发展。

1951 年 2 月，中国共产党中央委员会制定了《关于加强理论教育的决定》，明确提出现在国内战争已经基本上结束，党正面临着建设新中国的复杂任务，全党有系统地学习理论，比较过去任何时候都有更好的条件，也更加迫切需要。在高级干部中加强马克思列宁主义和毛泽东思想的学习，对于党的工作和国家工作的改进具有决定性的意义，也是在全党开展理论学习的中心环节。这份文件批评了党内学习存在着忽视理论的经验主义的危险倾向，对党内理论教育的问题进行了描述。“没有全国统一的关于理论教育的制度，缺少适当的初级和中级的理论学习资料，缺少理论教员和指导自修的顾问。没有认真进行理论的通俗化工作，缺少关于理论的通俗书籍、通俗论文和通俗演讲。缺少对于各种非马克思主义的理论的批评，因而使党的宣传限制在狭隘的范围内和低下的水平上。”①

为了推动高级干部的理论学习，中央不断推广地方经验。1951年10月4日，中共中央转发了西北局宣传部《关于高级干部理论学习情况的报告》。报告指出：“高级干部的学习，由于他们工作特别繁忙和其他原因，往往很难推动。现在西北局的经验证明：大部分高级干部都是有学习的热情，也是可以进行经常学习的。重要的是要用适当的方法给予领导、鼓励、督促和帮助。”②1953年4月，中共中央发布了《关于一九五三——一九五四年干部理论教育的指示》，该规定对“如何学”作了明确的规定，对学习的编制、学习内容、学习方式等都作了明确要求。中共中央对中宣部关于干部理论教育工作报告作出批示，肯定了报告的意见，进一步强化了对学习的指导。

中央不断改进干部理论教育制度，召开了干部理论教育工作座谈会，制定了改进干部理论教育工作的方针和制度，把干

① 杨志强编：《执政条件下党的建设》第一册，中华书局2022年版，第395页。
② 杨志强编：《执政条件下党的建设》第二册，中华书局2022年版，第301页。

部的理论学习纳入了制度化的轨道。1955 年 4 月，中央宣传部召开了干部理论教育工作座谈会，集中讨论了如何改进干部教育制度，提出了干部理论教育正规化的要求。中共中央召开的第二次全国宣传工作会议上明确："对于县、区干部应该规定适当的学习制度。为了加强对县、区在职干部学习的指导，各县委应成立中心学习小组，负责指导学习和上课。"[①] 在这一时期，我们党积累了一系列成功的经验。这些经验包括：

一是注重理论教育。中央要求各级党组织必须注重改进学习领导，健全学习制度，使理论学习确实能够产生提高干部思想政治修养的效果。高级干部的政治理论学习应该特别重视。各级党的组织都必须监督高级干部养成认真读书、学习理论的习惯。各级党组织要认真领导中级和初级组的政治理论学习，应该切实地培养理论教员和学习辅导员，重点办好并逐步推广业余政治学习，健全学习室制度。

二是明确规定学习的内容，加强理论学习和政策学习。理论学习方面，为了适应全党进入经济建设时期的需要，集中学习苏联经验，要求全党健全学习生活，提高理论兴趣，以便为进一步学习马克思列宁主义理论特别是学习政治经济学做好准备。除了理论学习外，全党干部都必须学习党的政策。强调理

① 杨志强编：《执政条件下党的建设》第五册，中华书局 2022 年版，第 251 页。

论学习和政策学习应当密切结合而不可偏废，不论哪一级干部都要认真学习和研究党的政策和决议；在理论学习中，也必须努力学习运用马克思列宁主义的立场、观点和方法来提高思想、改进工作。①着力避免政策学习上的过多过少、忽松忽紧、零乱、重复、不合实际、不见成效等缺点。②

三是制订学习计划，精准分类按需要学习。凡是参加高级学习组的，都要求订立学习计划，开始系统学习。受到党中央肯定的西北局宣传部《关于高级干部理论学习情况的报告》总结道："马克思、恩格斯、列宁、斯大林和毛泽东同志理论著作，不论读哪一本，也不论采用什么方法，花费多少时间，凡是订出计划进行学习都是好的。这个办法的效果很好，废除了以往机械呆板的规定。因而，计划也更加切合实际一些。"③报告强调学习计划切忌订得太高。一年之内只要求做一次计划，中间做一次学习报告，最后写一篇学习心得或做一个总的学习报告。

四是合理安排学习时间和学习方式。在新中国成立初期，规定了党和国家机关的工作人员每天在工作时间或业余时间内的一小时或两小时作为学习时间。但随着党的工作日趋繁

① 杨志强编：《执政条件下党的建设》第五册，中华书局 2022 年版，第 157 页。
② 杨志强编：《执政条件下党的建设》第四册，中华书局 2022 年版，第 337—338 页。
③ 中央档案馆、中共中央文献研究室编：《中共中央文件选集》（一九四九年十月—一九六六年五月）第七册，1951 年 9—12 月，人民出版社 2013 年版，第 106 页。

杂，如何平衡好学习和工作就成为突出问题。为此，中央在补充通知中对学习时间进行了调整，规定理论学习的时间为每周四至六小时。为了保证党和国家机关的正常的工作秩序和工作时间，干部的理论、政策学习原则应在业余时间内进行。废除了每天两次学习的制度。在党的机关、政府机关、经济机关和群众团体领导机关内，进行集体性的学习活动（如听报告、上课、组织讨论、考试测验、集体自修等），可占用工作时间，但每周总计不得超过四小时。在工厂、矿山，除专职的党委、工会、青年团干部外，一般不得占用工作时间进行学习。[①] 高级组的学习方法以自学为主，中级组的学习方法原则上以上课为主。学习讨论会应有领导有准备，参加人数和举行次数都不应过多，次数一般以两星期一次为宜。政策学习的时间规定为平均每周两小时，一般可在党日进行。

五是推广成功经验。中央宣传部对各地加强指导，总结推广各地的经验。毛泽东同志专门推广了西北局宣传部的经验，转发了西北局宣传部《关于高级干部理论学习情况的报告》，指出西北局宣传部的报告总结了组织高级干部进行理论学习的办法。在中央的指示中，又总结提炼了其他地方的好做法。比如，为了解决“如何学得好”的问题，各地注意了三个方面的

---

① 杨志强编：《执政条件下党的建设》第四册，中华书局 2022 年版，470 页。

工作：（1）培养和训练理论教员、辅导员；（2）编写教学提纲及参考资料；（3）成立学习室。各地根据中央指示的精神和规定，在学习的组织领导方面进行了若干调整，使得理论学习的制度逐步趋向健全。

六是完善考试制度，改进考试测验理论学习的方式。为了检验学习的成效，各地逐步推行了考试制度。许多地方的高级学习组采用了写论文的方式进行考试。比如，华东局直属机关高级学习组在学完《苏联社会主义经济问题》时，举行集中测验，测验当场交卷，允许带书参阅。考试后民主评卷，并把试卷归入干部材料袋。考试可采取测验、答问、写论文等形式。要求在全部学习过程中，每个高级学习组至少应写一篇可以在报刊上发表的论文。比如，西北局宣传部专为高级学习组创办了《自学通报》，交流学习心得体会和学习方法。在报上，说明为什么学习、怎样做计划写笔记、怎样读书等，积极帮助广大干部学习，解决疑难困惑。

七是因地制宜、因时制宜地推动干部学习。在学习运动开展过程中，一度出现了混乱现象。党的八大批评了干部理论教育中存在的诸多问题，比如干部理论教育许多方面不能适应形势发展的需要；干部理论教育的组织工作上有管得过多过死的缺点；还有干部学习的种类太多，许多领导机关常常向下布置各种各样的、短期的和长期的学习任务，而且往往不区别不同情况，把全体干部都组织进来学习。这样就造成了各种学习彼此冲突的混乱现象，许多干部在业余时间不能休息，甚至影响了他们的健康。为此，许立群在《关于党的干部理论教育工作》的报告中提出了几点意见："广大的在职干部理论学习，内容不要强求统一，方式应该多种多样，以便适合不同的情况，灵活的进行。""如果以为马克思主义既然已经被公认为全国的指导思想，因而我们就可以用行政力量把它当作教条灌输给干部和群众了，这种想法是完全不对的。"[①]"建议全面安排干部的各种学习，克服学习种类过多、负担过重的现象。原则上规定每个干部的主要学习项目，在一个时期内只能有一种。建议中央和地方的各管理干部的部门，根据具体情况作出全面的规划，以便彻底解决学习上的混乱现象。"

第三节　改革开放以来党委中心组学习的制度化

在改革开放的大潮中，我们党坚持在职集中学习的好传统，逐步建立起规范的党委中心组学习制度。党的十一届三中全会之后，各级党委适应改革开放的新形势，逐步形成了党委集中学习的做法，推动了改革开放事业的顺利发展。

① 杨志强编：《执政条件下党的建设》第七册，中华书局 2022 年版，第 170 页。

改革开放刚开始，邓小平同志在《解放思想，实事求是，团结一致向前看》中就指出，实现现代化是一场深刻的伟大的革命，全党同志一定要善于学习，善于重新学习。1978年12月，在中央工作会议上，邓小平同志指出，“全党必须再重新进行一次学习”。在历史性的转折关头，邓小平同志继承毛泽东倡导的优良传统。邓小平同志强调，领导干部特别是年轻干部要学好马克思主义理论，以避免在日益复杂的形势面前迷失方向；同时提出领导干部要努力学习经济，学习科学技术，学习管理，以适应现代化建设发展的需要。他提出：“我希望党中央能作出切实可行的决定，使全党的各级干部，首先是领导干部，在繁忙的工作中，仍然有一定的时间学习，熟悉马克思主义的基本理论，从而加强我们工作中的原则性、系统性、预见性和创造性。只有这样，我们党才能坚持社会主义道路，建设和发展有中国特色的社会主义，一直达到我们的最后目标，实现共产主义。”[①]中国共产党的学习进入了新的发展阶段。

20世纪80年代，党委（党组）中心组学习在若干省级地方党委应运而生。为了适应改革开放的新形势，各级党委积极探索领导干部在职理论学习形式和办法，逐步在各地各

---

① 《邓小平文选》第三卷，人民出版社1993年版，第146页。

部门形成了党委集中学习的做法。这个做法，最后被统称为“党委中心组学习”。1993 年 11 月，中共中央发出《关于学习〈邓小平文选〉第三卷的决定》，首次明确使用“党委中心组的学习”这个表述。《决定》明确提出：“各省、自治区、直辖市，中央党、政、军各部门，都要做出安排，特别要认真抓好党委中心组的学习，并有计划地对县（团）级以上党员干部进行轮训，带动全党的理论学习，提高全党的马克思主义水平。”党委中心组作为领导干部在职理论学习的形式普遍建立起来。

党的十四大以后，党委中心组学习逐步走向制度化，党委中心组学习作为党的理论武装工作和干部教育工作的基本形式确立起来了。为了落实党的十四大的理论武装任务，1995 年 6 月，中宣部、中组部联合召开经验交流会，提出要进一步使省部级党委中心组学习规范化、制度化。这次会议第一次对党委中心组学习制度的形成和发展作出了科学定位和高度评价。会议提出，“党委（党组）中心组，是在新时期领导干部理论学习中创造的一种新形式。八十年代以来，它在改革开放和现代化建设的生动实践中，在若干地方党委首先是若干省级地方党委应运而生。到十四大提出用邓小平建设有中国特色社会主义理论武装全党的战略任务，这种形式逐步制度化”[①]，并在认真总结各地经验的基础上提出了搞好党委中心组学习的具体要求。1999年，江泽民同志发表了《论加强和改造学习》的讲话，他强调：“改革开放和社会主义建设是史无前例的创新事业。现在，国际国内形势发展很快，领导干部要从容应对新形势，不断适应新情况，正确认识和解决新问题，就必须坚持学习、学习、再学习。学习应该养成习惯，形成制度。领导干部都要有计划地读点书，都要注重向实践学习，都要勇于在改革开放的现实斗争中经风雨、见世面，不断提高思想理论水平和驾驭全局的能力。”[②]

进入21世纪，中国共产党对党委中心组的学习制度进行了新的探索。中央发出了《关于建立健全省部级在职领导干部学习制度的通知》，组织党员特别是党员领导干部，联系国际国内的形势和矛盾斗争，有的放矢地选读马克思主义经典著作。在“讲学习、讲政治、讲正气”教育中，江泽民同志深入阐释了三者的辩证关系。他指出，学习是基础，政治是关键。学习好了，政治上强了，正气也就伸张起来了。而学习是无止境的。要求全党进一步端正学风，努力把全党的学习提高

① 李君如：《陈云对党委中心组学习的开创性贡献》，《中国浦东干部学院学报》2010年第4期，第45页。

② 《江泽民文选》第二卷，人民出版社2006年版，第447页。

到一个新的水平。在“三个代表”重要思想的形成和发展过程中，党委中心组学习制度进一步得到了完善。2000年，中组部、中宣部又联合下发了《关于加强和改进党委（党组）中心组学习的意见》，对党委中心组学习制度提出了全面要求和具体规定。这个文件强调：“实践证明，党委中心组是领导班子和领导干部学习理论，加强思想政治建设的重要形式；是运用理论指导实践，提高科学决策水平的有效途径；是发挥领导干部带头作用，推动全党理论学习深入发展的组织保证。”这是对党委中心组学习的新评价、新判断。面对加入世贸组织的新形势，江泽民同志更加强调了学习的重要性。他指出：“对我们全党来说，是一次新的学习，也是一场新的考试。考什么？就是考我们的学习能力、应对能力、竞争能力、决策能力、创新能力。一句话，这将是对全党同志智慧和力量一次很实际，很具体的检验。这是摆在全党同志面前一道难度不小的关口，但这一关必须闯过去，只能成功，不能失败。希望大家特别是领导干部在这场考试中都能及格，并要力争优秀。”①

党的十六大以来，以胡锦涛同志为总书记的党中央对进一步加强和改进党委中心组学习提出一系列明确要求。中共中央政治局为全党作出了表率，坚持集体学习制度，对各级党委

① 《江泽民文选》第三卷，人民出版社2006年版，第458页。

中心组学习产生了极大的推动作用。为了用科学发展观武装全党，2004 年 6 月，在深入调研的基础上，中宣部和中组部在京联合召开党委中心组学习经验交流座谈会，明确指出："中心组学习制度是党的十一届三中全会以来，各级党委适应改革开放和社会主义现代化建设的要求，在实践中积极探索形成的领导干部在职学习的一种新的组织形式。"会议对进一步抓好党委中心组学习提出了新的要求。中央有关部门通过深入调研和工作总结，对 2000 年关于党委中心组学习的文件进行了重新修订。2006 年，胡锦涛同志在学习《江泽民文选》报告会上发表讲话，要求重点抓好党委（党组）理论学习中心组的学习，充分发挥各级党委宣传部门、组织部门的指导和督促检查作用，充分发挥党校、行政学院等干部培训学校的重要作用，切实把学习抓紧抓实抓好。

在保持共产党员先进性教育活动中，我们党在推动学习制度化、规范化方面进行了有益探索，制定并形成了许多行之有效、操作性强的学习制度。2006 年，中央出台了《干部教育培训条例》，具体细化了各级党委中心组学习的机制，有力地推进了党委中心组学习制度的完善和发展。《干部教育培训条例》规定，要把党委中心组理论学习纳入目标考核并作为重要内容，制定出可操作的考核目标和尺度，以制度的威慑力保证党委中心组理论学习时间和质量。中共中央政治局的集体学习逐步走向规范化，经常性的理论学习制度逐步建立起来。通过创新党委中心组的学习方法和形式，不断提升学习的成效。各地探索总结了一些有效的做法。比如，强化专题集中学习，强化理论学习的规范性，强化学习成果的推介，强化理论学习的实际效果等。习近平同志在担任地方领导期间，就高度重视发挥党委中心组学习的领学作用，推动领导班子、领导干部带头开展理论学习。在浙江工作期间，他在省委理论学习专题学习会上作了许多讲话，围绕推动浙江发展进行一系列重要思考。通过高质量地组织和领导省委理论学习中心组学习，浙江省委作出了深入实施“八八战略”、创建生态省、建设“平安浙江”、建设“法治浙江”、加快建设文化大省，以及加强和改进党的建设等重大决策部署，使浙江发展走在了全国的前列。在担任中央党校校长期间，习近平同志多次强调读书学习问题。

2009 年 9 月，中央组织部、中央宣传部联合印发《关于加强和改进党委（党组）中心组学习的意见》，对党委（党组）中心组学习的重要性、目的、内容、学风、学习制度等作了具体规定，明确把深入学习贯彻中国特色社会主义理论体系作为中心组学习的首要任务，把掌握和运用马克思主义立场、观点、方法作为中心组学习的根本目的，集体学习研讨是中心组学习的主要形式，每个季度不少于一次，党委（党组）书记是中心组学习的第一责任人。党委组织部的主要责任是配合宣传部门，加强对中心组学习的指导、服务、督促、检查和考核。2009 年 11 月，习近平同志在中央党校开班式上强调：要进一步加强和改进党委（党组）中心组学习制度，不断丰富学习内容，创新学习方式，规范学习管理，提高学习效果。在组织中心组学习中，要紧密联系本地区本部门本单位实际，围绕全局性、战略性、前瞻性问题开展调查研究和学习讨论，促使领导干部在学习中提高解决实际问题的能力，在研究解决问题中增强深入学习的紧迫感。

在长期的发展过程中，我们党坚持思想建党、理论强党，形成了理论联系实际的优良学风，形成了重视调查研究、重视马克思主义理论学习的优良传统，积累了治党治国的丰富经验。在实践中，建立和完善了一整套的党委中心组学习制度，不断加强和改进党委中心组学习，这是我们党的政治优势，是我们党始终走在时代前列的根本保证。认真汲取党的历史经验和有益做法，在新的历史条件下继承和发展好党的优良传统，对新时代加强和改进党委中心组学习具有重要意义。

案例：中共中央政治局以上率下开展集体学习

中国共产党中央委员会政治局，由中国共产党中央委员会全体会议选举产生；中共中央政治局的成员称为中央政治局委员或政治局委员。中共中央政治局集体学习制度是一项重大的制度创新。中共中央政治局的集体学习，对于地方各级党委党组的中心组学习具有典型示范意义。从2002年党的十六大到2012年党的十八大召开前，中共中央政治局集体学习达到77次。其中，第十六届中共中央政治局举行了44次集体学习，第十七届中共中央政治局举行了33次集体学习。党的十八大以来，以习近平同志为核心的党中央坚持和完善中央政治局集体学习这项重要制度。从2012年11月17日至2024年4月，中共中央政治局已经先后组织了96次集体学习。第十八届中共中央政治局集体学习共举行了43次，第十九届中共中央政治局集体学习共举行了41次，第二十届中共中央政治局集体学习已经举行了12次。

中共中央政治局以上率下，引领全党在大学习中不断提高治国理政的能力和水平。集体学习主题广泛，涉及经济、政治、文化、社会、生态文明、国防军事、国家安全、外交、党的建设等领域，覆盖了治国理政各个方面的内容。集体学习聚焦“国之大者”，紧跟前沿动态，重点围绕治国理政和现代化建设进程中必须解决的重点难点热点问题展开。中共中央政治局的集体学习基本上由中央办公厅、相关部委、相关科研机构三层协作来实施。由中共中央办公厅牵头，中共中央政策研究室负责选题。每次学习由党的总书记主持，先是专家学者围绕某一重大问题进行讲解，接着是交流讨论，最后是总书记作总结讲话。一次次扎实的中央政治局集体学习，对全党大兴学习之风作出了表率，为治国理政的伟大实践提供了丰厚的智慧养分。

第三章

牢牢把握党委中心组学习的根本要求

党的十八大以来，以习近平同志为核心的党中央对领导干部学习、党委（党组）理论学习中心组学习高度重视，进一步把准了学习的方向，作出一系列重要的部署。新修订的《学习规则》第三条对学习的根本要求、主题主线、目的和意义提出了明确要求，强调："党委(党组)理论学习中心组学习以政治学习为根本，以深入学习贯彻习近平新时代中国特色社会主义思想为主题主线，以掌握和运用马克思主义立场、观点、方法为目的推动各级领导干部深刻领悟'两个确立'的决定性意义，增强'四个意识'、坚定'四个自信'、做到'两个维护'，为以中国式现代化全面推进强国建设、民族复兴伟业提供坚强政治保证和强大精神动力。"我们要特别注意，中心组学习是政治学习、理论学习，着眼的目标是政治建设、理论武装，学习的目的是学以致用、服务大局，任何时候都不能冲淡这一主题，脱离这一原则。[①]

① 《中国共产党党委（党组）理论学习中心组学习规则》，中国法制出版社 2024 年版。

第一节　坚守政治定位，以政治学习为根本

党委中心组学习要以政治学习为根本，把旗帜鲜明讲政治的要求体现在学习全过程。旗帜鲜明讲政治是我们党作为马克思主义政党的根本要求，是我们党不断发展壮大、从胜利走向新的胜利的重要保证。一个政党，是围绕自己的政治纲领、按照自己的政治路线、为了实现自己的政治目标而组织起来的政治集团。不讲政治，也就不成其为一个政党了。《中国共产党党委（党组）理论学习》明确要求党委中心组学习以政治学习为根本，就是要牢牢把握讲政治这个核心。

党委中心组学习要以政治学习为根本，针对的是一些地方和部门开展学习时存在的问题。一段时间以来，一些地方开展的学习对政治学习的认识不深刻，在学习内容的设置、学习的组织上偏离了方向；有的只讲业务、不讲政治，政治学习在一些地方和单位落虚落空；有的政治学习停留于读读报纸、念念文件，不针对现实问题开展讨论，结果疑惑还是那个疑惑、疙瘩还是那个疙瘩。党的十八大以来，我们党深刻地认识到，党内存在的很多问题都同政治问题相关联，管党治党上的“宽松软”，根子上是政治上的“宽松软”，加强党的政治建设是解

决党内各种问题的治本之策。只有突出政治学习这个根本，才能把准党委中心组学习的方向。

政治学习区别于一般性的业务学习，体现的是党的政治建设的要求。我们党是马克思主义政党，全党同志特别是领导干部，必须坚定正确的政治方向、政治立场、政治观点，严守政治纪律，增强政治判断力、政治领悟力、政治执行力，保证全党在思想上、政治上、组织上高度统一。党的十九大明确提出党的政治建设这个重大命题，强调党的政治建设是党的根本性建设，要把党的政治建设摆在首位，以党的政治建设为统领全面推进党的各项建设。党的政治建设决定党的建设的方向和效果，不抓党的政治建设或偏离党的政治建设指引的方向，党的其他建设就难以取得预期效果。党的政治建设的要求，决定了党委中心组学习的政治属性，规定了全党学习的根本方向。

政治学习的根本要求，是要保证全党坚定拥护“两个确立”，坚决做到“两个维护”。党的政治建设的首要任务是要保证全党服从中央，坚持党中央权威和集中统一领导。坚决做到“两个维护”是我们党最重要的政治纪律和政治规矩，是保证全党团结统一、步调一致，带领全国各族人民建设社会主义强国、奋力夺取新时代中国特色社会主义伟大胜利的根本保证。以政治学习为根本，就是要着力提高党委中心组学习的政治性、时代性、针对性，把政治要求贯穿学习全过程，推动各级党组织和党员、干部始终在政治立场、政治方向、政治原则、政治道路上同党中央保持高度一致。

抓住政治学习这个根本，就是要把政治标准和政治要求贯穿于党委中心组学习的全过程，自始至终自觉贯彻和体现讲政治的根本要求，确保政治目标不偏，带动党的学习质量的全面提高。要坚持政治学习和学习专门知识的统一，既要努力提升干部的专业化素质和能力，更要提升政治能力，把准政治方向。如果缺乏政治学习，不能讲全局、懂全局、谋全局，工作就难免会有片面性，出现顾此失彼的情况。

以政治学习为根本，要科学设置学习内容，学习的内容要紧扣“国之大者”，充分体现党中央精神和要求。党的十八大以来，习近平总书记反复强调要牢记“国之大者”，什么是“国之大者”？就是要求政治学习要时刻关注党中央在关心什么、强调什么，时刻关注党中央确定的大政方针和作出的决策部署，时刻关注新时代坚持和发展中国特色社会主义、以中国式现代化全面推进中华民族伟大复兴面临的重大课题。要深刻领会什么是党和国家最重要的利益、什么是最需要坚定维护的立场。只有牢牢紧扣“国之大者”，才能站稳政治立场。中国共产党人关心的“国之大者”，就是让人民生活幸福。党委（党组）中心组要教育引导广大党员干部胸怀“国之大者”，强化政治自觉，担负起政治责任。

习近平总书记强调心怀“国之大者”，就是要求全党站在全局和战略的高度办事情想问题，一切工作都要以贯彻落实党中央决策部署为前提，深刻领悟党中央重大决策部署的精神实质和政治内涵，做到知责于心、担责于身、履责于行。习近平总书记多次谈到“国之大者”，在论述粮食安全时，他指出粮食安全是“国之大者”，中国人的饭碗要牢牢端在自己手中。在陕西考察秦岭生态环境保护和修复时，他提醒决不能重蹈覆辙，决不能在历史上留下骂名，要心有“国之大者”，当好生态卫士。这些论述，就是要求以对党、对历史、对人民高度负责的精神，来办好关系国家利益的大事。

领导干部要对“国之大者”心中有数，就要坚持从大局出发考虑问题，要站得高、看得远、想得深；要牢固树立大局意识，正确认识大局、自觉服从大局、坚决维护大局。正如习近平总书记所说，首先要有正确的大局观，站在党和国家的大局上想问题、看问题。“领导干部要胸怀两个大局，一个是中华民族伟大复兴的战略全局，一个是世界百年未有之大变局，这是我们谋划工作的基本出发点。”[①] 各地区各部门都要结合自身实际，在设置学习内容和学习要点的时候，善于把本地区本部门本单位的工作放到党和国家事业大局中进行思考和定位，不能

---

① 《习近平谈治国理政》第三卷，外文出版社 2020 年版，第 77 页。

让局部与全局发生矛盾冲突。

党委中心组的学习要始终坚持从政治上看问题，善于把握政治大局，深刻理解政治逻辑。习近平总书记反复强调“要坚持从政治上看问题”，就是要求全党有政治敏锐性，处理好业务和政治的关系。他强调：改革发展稳定、内政外交国防、治党治国治军，样样都是政治，样样离不开政治。在谈到全面贯彻新发展理念时，习近平总书记强调，这既是经济社会发展的工作要求，也是十分重要的政治要求。在谈到党的新闻舆论工作时，他又强调党的新闻舆论工作是政治性、政策性很强的工作，从来不是单纯的业务工作，讲政治是第一位的。新闻单位的领导班子和当家人不仅要做业务专家，更要有政治头脑，有政治眼光和政治智慧，善于从政治上看问题，善于把政治导向、政治要求体现到工作中去。

党委中心组的学习安排要增强政治意识，使讲政治从外部要求转化为内在行动，不断提高政治判断力、政治领悟力、政治执行力，真正做政治上的明白人。应该注意到，当前思想理论领域的内外环境更加复杂。境外敌对势力加大渗透和“西化”力度，境内一些组织和个人不断变换手法，制造思想混乱。一些单位和党政干部政治敏锐性、责任感不强，在重大意识形态问题上含含糊糊、遮遮掩掩，助长了错误社会思潮的传播。党委中心组的学习，要科学安排和组织课程，强化责任意识，及时教育引导党员干部的思想认识。要及时发现苗头性、倾向性问题，防患于未然，确保各级干部特别是领导干部站稳立场、把准方向，自觉在思想上政治上行动上同党中央保持高度一致。

坚持以政治学习为根本，要注意区分政治学习与业务学习，防止以工作部署、业务培训等替代党委中心组学习，弱化党委中心组学习的政治性。业务培训的主要内容，主要是履行岗位职责所必备知识的培训，通过学习新知识新技能，帮助干部优化知识结构、完善知识体系的学习，这对提升干部的素质和能力十分重要。但业务培训与政治学习存在明显的区别，要避免出现只讲业务不讲政治的情况，克服单纯业务观点。要处理好政治学习和业务培训的关系，推动政治学习和业务工作相互促进，找准二者的结合点，通过政治学习来促进业务，以各项工作的实际成效来检验政治学习的成效。

第二节　突出理论底色，明确学习的首要任务

党的十八大以来，以习近平同志为主要代表的中国共产党人，坚持把马克思主义基本原理同中国具体实际相结合、同中华优秀传统文化相结合，创立了习近平新时代中国特色社会主义思想。习近平新时代中国特色社会主义思想是当代中国马克

思主义、二十一世纪马克思主义，是中华文化和中国精神的时代精华，是党和国家必须长期坚持的指导思想。各级党委（党组）要坚持不懈用习近平新时代中国特色社会主义思想凝心铸魂，统一思想、统一意志、统一行动，着力在武装头脑、指导实践、推动工作。党委中心组学习要突出理论底色，把理论学习摆在突出位置，牢牢把握深入学习贯彻习近平新时代中国特色社会主义思想这个主题主线。

当前，一些地方党委中心组的学习理论性不足，不善于把理论和实际结合起来，在理论学习上还有很多缺陷。习近平总书记在“不忘初心、牢记使命”主题教育总结大会上指出：“现在，有的党员、干部对理论学习不重视，把自学变不学；有的想起来就学一学，三天打鱼、两天晒网；有的拿学习来装门面，浅尝辄止、不求甚解；有的学习碎片化、随意化，感兴趣的就学、不感兴趣的就不学；不少年轻干部理论功底还不扎实、理想信念还不够坚定。要做到真学真懂真信真用，还需要下更大气力。”[1]对于这些问题，全党同志特别是领导干部都务必引起重视，如果不能着力解决学习不深入、思想不统一、行动跟不上的问题，就会使党委中心组的学习偏离目标。

注重思想建党、理论强党，是我们党的鲜明特色和光荣

---

① 习近平：《论党的宣传思想工作》，中央文献出版社 2020 年版，第 414 页。

传统。理论创新每前进一步，理论武装就要跟进一步。习近平总书记指出：“一个民族要走在时代前列，就一刻不能没有理论思维，一刻不能没有正确思想指引。”习近平新时代中国特色社会主义思想，是我们党推进理论和实践创新取得的最新成果，必须把学习贯彻党的创新理论作为思想武装的重中之重。习近平新时代中国特色社会主义思想，以崭新的思想内容丰富发展了马克思主义，形成了系统科学的理论体系。这一科学体系逻辑严密、内涵丰富、系统全面，为丰富发展马克思主义作出了原创性贡献。党的十九届六中全会在党的十九大报告的基础上提出的“三大时代课题”“十个明确”“十四个坚持”“十三个方面成就”概括了习近平新时代中国特色社会主义思想的核心要义和主要内容。党的二十大用“两个结合”阐述了习近平新时代中国特色社会主义思想创新的历程，用“六个必须坚持”概括阐述了习近平新时代中国特色社会主义思想的世界观、方法论和贯穿其中的立场观点方法。这些内容，共同构成了习近平新时代中国特色社会主义思想的科学体系。党委中心组的学习，要把学习贯彻习近平新时代中国特色社会主义思想作为首要任务，在全面系统、学深悟透上下功夫，要准确掌握这一思想的科学体系、丰富内涵、实践要求，做到知其言更知其义、知其然更知其所以然。

党委中心组的学习，要着眼提高领导干部理论素养，要善于把学习党的创新理论同学习贯彻马克思主义基本原理贯通起来，努力掌握和运用马克思主义立场观点方法，真正把马克思主义看家本领学到手。习近平新时代中国特色社会主义思想在马克思主义哲学、马克思主义政治经济学、科学社会主义等方面提出了许多原创性、引领性、标志性的重大思想观点，以全新的视角深化了对共产党执政规律、社会主义建设规律、人类社会发展规律的认识，实现了马克思主义中国化时代化新的飞跃。这一思想的原创性观点很多。比如，坚持以人民为中心，是坚持马克思主义群众史观，对历史唯物主义的创造性运用和发展；新发展理念回答了关于发展的目的、动力、方式、路径等一系列重大理论和实践问题，集中反映了我们党对经济社会发展规律认识的深化，写出了马克思主义政治经济学新篇章；发扬斗争精神，展现了马克思主义革命性、斗争性的显著特征；党的自我革命的重要思想，创造性回答了我们党跳出历史周期率的重大课题，进一步丰富发展了马克思主义执政党建设理论。党委中心组的学习，要深刻领会党的创新理论对马克思主义基本理论的原创性贡献。

党委中心组的学习，要深入领会习近平新时代中国特色社会主义思想的世界观、方法论和贯穿其中的立场观点方法。党的二十大报告用“六个必须坚持”概括了习近平新时代中国特色社会主义思想的世界观和方法论，这是我们理解新思想的

“金钥匙”。必须坚持人民至上、必须坚持自信自立、必须坚持守正创新、必须坚持问题导向、必须坚持系统观念、必须坚持胸怀天下，这“六个必须坚持”，是我们党推进理论和实践创新的基本点。第一条，坚持人民至上，体现了我们党的性质和宗旨，是历史唯物主义群众史观的当代表达。我们党的理论是来自人民的理论，是人民创造的新实践、新经验、新成果的总结和概括，是为了人民、造福人民的理论。这种思想观点，同历史唯心主义的英雄史观鲜明对立，鲜明指出人民是历史的创造者，在推动社会发展中发挥着主体作用。第二条，坚持自信自立，体现了发挥主观能动性的观点。习近平总书记在总结古今中外治乱兴衰的历史规律时指出：“人类历史上，没有一个民族、没有一个国家可以通过依赖外部力量、跟在他人后面亦步亦趋实现强大和振兴。”我们党要在把握实际的基础上，独立自主地走好自己的路，坚定道路自信、理论自信、制度自信、文化自信。第三条，坚持守正创新，体现了变与不变、原则性与创造性的有机统一。只有在坚持守正的前提下，坚持继承性同发展性相结合，才能做到稳中求进。第四条，坚持问题导向，是事物矛盾运动原理的具体运用。这就要求我们党直面矛盾，回应挑战，解决问题。只有通过实践解决问题，才能检验真理。第五条，坚持系统观念，是世界普遍联系和发展原理的概括和运用。只有把社会发展看作一个有机系统，用普遍联系的、全面系统的、发展变化的观点观察事物，才能认识事物的本质、把握事物发展的规律。对系统观点的坚持和运用，体现在新思想的方方面面。第六条，坚持胸怀天下，体现了马克思主义的世界观，也彰显着我们党治国理政的大格局。作为一个要为人类谋进步、为世界谋大同的党，我们党就是要以世界眼光关注人类前途命运，要拓宽国际视野，从中国与世界的联系互动中探讨人类面临的共同课题。这“六个必须坚持”是一个相互联系、彼此支撑、内在统一的有机整体，是马克思主义世界观和方法论在当代中国、在21世纪的最新发展，我们要把握好、坚持好、运用好习近平新时代中国特色社会主义思想的世界观、方法论和贯穿其中的立场观点方法，切实贯彻到各项工作中。

学习理论要有长远眼光，既要考虑当前，又要着眼长远。党委中心组的学习，要发扬学到底的钻研精神，自觉加强战略性、基础性、前沿性研究思考，使党委中心组学习的过程成为不断厚实理论功底、提高科学思维能力的过程。习近平总书记指出:“我们党要领导一个十几亿人口的东方大国实现社会主义现代化，必须坚持实事求是、稳中求进、协同推进，加强前瞻性思考、全局性谋划、战略性布局、整体性推进，实现发展质量、结构、规模、速度、效益、安全相统一。”[1] 党委中心组的学习，要加强对一些问题的前瞻性、战略性、前沿性研究，这样才能成功应对一些复杂问题和突发事件。例如，国务院发展研究中心召开党组理论学习中心组学习（扩大）会议，就邀请中科院有关同志作“世界科技发展前瞻与对策”专题辅导报告，重点学习了习近平总书记关于科技自立自强的重要论述，深入了解世界前沿科技发展趋势，分析我国前沿科技发展形势，深入研究我国科技发展战略。

注意区分党委中心组学习与党委常委会学习等其他学习形式的不同功能，深刻把握党委中心组学习的理论底色，防止以一般性传达学习代替理论学习。习近平总书记对理论学习提出了四方面的要求。一要自觉主动学。只靠上班时间集中学习是很不够的，必须强化学习自觉，增强学习内生动力，利用业余时间刻苦学习。二要及时跟进学。党中央作出新的决策部署、出台新的文件，都要第一时间学习领会，养成读《人民日报》时政报道和重要评论、看中央电视台《新闻联播》、读《求是》杂志的习惯，线上线下同步学，做到学习跟进、认识跟进、行动跟进。三要联系实际学。弘扬理论联系实际学风，紧密联系思想和工作实际，把研究解决问题作为学习的着眼点，决不能

① 习近平：《论把握新发展阶段、贯彻新发展理念、构建新发展格局》，中央文献出版社 2021 年版，第 508 页。

坐而论道、凌空蹈虚。四要笃信笃行学。要学而信，从渐悟走向顿悟，掌握马克思主义立场观点方法，学出坚定信仰、学出使命担当。要学而行，学以致用、身体力行，把学习成果落实到干好本职工作、推动事业发展上。①

第三节　强化问题导向，把准学习的出发点和落脚点

党委中心组的学习要紧密联系实际，弘扬理论联系实际学风，紧密联系本单位的特点和工作实际。要把研究解决问题作为学习的出发点和落脚点，把解决问题作为中心组学习的试金石。

学风问题是党风问题的重要表现，是关系党的兴衰和事业成败的一个重大政治问题。长期以来，我们党形成了理论联系实际的优良学风，是我们取得胜利的重要原因。马克思主义中国化的过程，就是把马克思主义同中国实际相结合的过程。正是因为中国共产党正确处理了理论与实际的关系、认识和实践的关系、知与行的关系，才取得了中国革命的成功。毛泽东同志历来强调要把马列主义基本原理同中国的具体实际相结合，坚持运用理论武器解决实际问题。他把树立和发扬理论联系实

① 习近平:《论坚持党对一切工作的领导》，中央文献出版社 2019 年版，第 313 页。

际的学风，称为党领导中国革命必须解决的“第一个重要的问题”。

马克思主义的辩证唯物论强调知行统一观。只有通过实践，才能获得真正的知识。毛泽东同志在《实践论》中曾批评和讽刺所谓“知识里手”，认为这些人道听途说、一知半解，便自封为“天下第一”。毛泽东同志指出：“你要有知识，你就得参加变革现实的实践。你要知道梨子的滋味，你就得变革梨子，亲口吃一吃。”[①] 习近平总书记反复强调，要在实践中掌握新知识、积累新经验、增长新本领，能形成学以致用、用以促学、学用相长的良性循环。党委中心组的学习切忌脱离实际的空谈，务必结合本部门本地区的实际情况来组织和安排学习，尤其要注意研究现实生活中提出的重大理论和实践问题，通过理论学习更好地进行实践，再在实践中进一步丰富和发展理论，在实践中不断寻找解决它们的正确答案。学习的效果怎么样，不是看记住了多少知识和概念，而是要看能不能在实践中创造性地贯彻落实中央的路线方针政策，能不能在困难环境中团结和带领群众坚韧不拔地打开工作局面。领导干部如果对基层的真实情况不了解，对各方面的真实情况摸不清楚，对群众的情绪、要求和愿望了解得不够全面、深入和具体，就不能说

① 《毛泽东选集》第 1 卷，人民出版社 1991 年版，第 287 页。

学习质量好。

学以致用是我们党的学风。学习的目的在于运用，学习的成效在于解决问题。习近平总书记在中共中央党校建校 80 周年庆祝大会上讲话指出:“学习的目的全在于运用。领导干部加强学习，根本目的是增强工作本领、提高解决实际问题的水平。‘空谈误国，实干兴邦’，说的就是反对学习和工作中的‘空对空’。”党的十八大以来，习近平总书记多次谈到“虚谈废务”的故事，要求全党注重实践，对历史教训引以为鉴。两晋时期，文人学士喜好清谈，醉心于辩论。两晋学士王衍就是一个代表。王衍是西晋末年的朝廷重臣，舌辩滔滔，无人能及。他担任太尉去讨伐羯族首领石勒，结果兵败被俘。石勒问他西晋溃败的原因，他百般为自己开脱，说自己年少时就不参与政事。石勒斥责他:“破坏天下，正是君罪。”王衍在临死前哀叹，如果平时不是追求虚浮，而是努力做事，也不致沦落到这个地步。习近平总书记多次举王衍空谈误国的案例，就是警示领导干部切莫“虚谈废务”、学用脱节“空对空”，绝对不能坐而论道、光说不练。

党委中心组的学习要增强问题意识，坚持带着问题抓学习。问题是事物矛盾的表现形式，要善于抓住主要矛盾，善于把认识和化解矛盾作为打开局面的突破口。当前，我国已经进入发展关键期、改革攻坚期、矛盾凸显期，我们党所面临问题的复杂程度、解决问题的艰巨程度明显加大。这些问题，既有过去长期积累而成的矛盾，又有在解决旧矛盾过程中产生的矛盾，大量的还是随着形势变化新出现的矛盾。这些矛盾许多是这个发展阶段必然出现的，是躲不开也绕不过去的。党委中心组的学习要聚焦实践遇到的新问题、本地区本部门本系统改革发展稳定存在的深层次问题、人民群众急难愁盼问题、国际变局中的重大问题、党的建设面临的突出问题等，把自己摆进去、把职责摆进去、把工作摆进去，做到学思用贯通、知信行统一。坚持问题导向，就是要解决中国的现实问题，直面问题和矛盾，在解决矛盾的过程中推动事物发展。

党委中心组的学习要认真研究和发现问题，要深入、全面和客观。毛泽东同志在《矛盾论》中曾经指出，研究问题，忌带主观性、片面性和表面性。所谓主观性，就是不知道客观地看问题，也就是不知道用唯物的观点去看问题。所谓片面性，就是不知道全面地看问题，不了解矛盾各方的特点。所谓表面性，就是对矛盾总体和矛盾各方的特点都不去看，否认深入事物里面精细地研究矛盾特点的必要，仅仅站在那里远远望一望，粗枝大叶地看到一点矛盾的现象，就想动手去解决矛盾。

党委中心组的学习要认真研究和发现问题，把准问题的关节点、要害处。面对纷繁复杂的问题，要注意抓住关键。毛泽东同志告诉我们，要注意分析主要的矛盾和矛盾的主要方面。

他指出："在研究矛盾特殊性的问题中，如果不研究过程中主要的矛盾和非主要的矛盾以及矛盾之主要的方面和非主要的方面这两种情形，也就是不研究这两种矛盾情况的差别性，那就将陷入抽象的研究，不能具体地懂得矛盾的情况，因而也就不能找出解决矛盾的正确的方法。"我们党的情况复杂，具体到一个地方、一个部门、一个单位，问题各不相同。党委中心组学习要直面问题，坚持有什么问题就解决什么问题，什么问题难就重点解决什么，什么问题突出就着力攻克什么。

"治其本，朝令而夕从；救其末，百世而不改也。"党委中心组的学习要坚持问题导向，就是要善于抓关键，从根本上认识和解决问题。要把学习的过程变成发现问题、筛选问题、研究问题、解决问题的过程，真正抓住问题的关键点和要害。习近平总书记多次强调要抓住解决问题的关键。例如，在谈到全面从严治党时，习近平总书记就强调，党内存在的很多问题都同政治问题相关联，都是因为党的政治建设没有抓紧、没有抓实。不从政治上认识问题、解决问题，就会陷入头痛医头、脚痛医脚的被动局面，就无法从根本上解决问题。在谈到防范风险挑战时，习近平总书记强调要透过复杂现象把握本质，抓住要害、找准原因，果断决策。在谈到全面从严治党时，他强调抓住了严肃党内政治生活这个关键点，也就抓住了解决党内矛盾和问题的钥匙。这些论述，都显示出把握关键问题的重要性。

党委中心组的学习，要把解决问题作为学习的出发点和落脚点，切实把学习成效转化为解决问题的实际能力。习近平总书记在第十八届中央政治局第十一次集体学习时强调：“学习不是背教条，背语录，而是要用以解决实际问题。”理论的重要性在于能够指导行动。毛泽东同志指出：“如果有了正确的理论，只是把它空谈一阵，束之高阁，并不实行，那么，这种理论再好也是没有意义的。”他强调：“要完全解决这个问题，只有把理性的认识再回到社会实践中去，应用理论于实践，看它是否能够达到预想的目的。”[①] 只有在解决问题的实践中，才能纠正认识的不完全性，检验理论学习的成效。党委中心组的学习，要坚决克服形式主义、官僚主义，务必注重实效。如果什么实际问题都没解决，只是搞形式，做表面文章，反而会适得其反产生负面影响。

党委中心组的学习，要更好地把科学理论转化为推动高质量发展、增进民生福祉、防范化解风险的思路举措，找准解决问题的有效办法和途径，及时形成有效机制。无论解决什么问题，都要综合分析、举一反三，使每项措施对策能够切合实际，有助于问题的化解。解决问题要把握几项重要原则：第

---

① 《毛泽东选集》第一卷，人民出版社 1991 年版，第 292 页。

一，解决问题要找准思路，敢于直面问题。有问题不可怕，可怕的是不敢直面问题，找不到解决问题的思路，不能采取正确的办法来解决问题。比如，党内有些观点认为，互联网很复杂很难治理，不如一封了之。这种说法就不是正确的，更不是解决问题的办法。第二，解决问题要敢于创新。面对新情况新问题，一些老经验、老办法不能应对和解决，就需要创造解决问题的新方法。学习要善于及时提出新思想、新理念、新办法，灵活运用理论来解决问题。 第三，解决问题要简便易行，注重简约高效。习近平总书记在谈到建章立制时强调，既坚持解决问题又坚持简便易行，采取务实管用的措施切中问题要害。他在谈到地方立法的时候也强调，能用三五条解决问题就不要搞“鸿篇巨制”。第四，解决问题要开展调查研究，切实把调研成果转化为解决问题、改进工作的实际举措，提出的对策建议要具体可操作，防止建议大而化之、空洞抽象、不解决实际问题。党委中心组的学习要牢牢抓住问题整改，以问题整改开局亮相，以问题整改交出答卷，从根本上解决问题。第五，解决问题要注重保持定力和耐心。我们党面临的很多问题都不是简单的事情，不能急功近利，更不能指望泛泛抓一抓或者集中火力打几场战役就能解决。党委中心组学习在解决问题和提出对策时，要久久为功，通过持续的改革不断解决问题，取得长远的成效。

党委中心组的学习，要注意把思想理论学习转化为全面从严治党、推进自我革命的实际行动。要把初心使命变成党员干部锐意进取、开拓创新的精气神和埋头苦干、真抓实干的自觉行动；要力戒形式主义、官僚主义，推动解决人民群众反映强烈的突出问题，不断增强人民群众的获得感、幸福感、安全感；要以实际行动改进全党作风，坚持不懈推进作风建设，使正气正风得到进一步弘扬，歪风邪气得到进一步整治。通过学风的改变，解决好党内面临的突出问题，把党的作风建设真正搞好。

案例：山西省的“中心组学习规范年”建设工程[①]

2023 年以来，山西省坚持以习近平新时代中国特色社会主义思想为指导，严格落实《中国共产党党委（党组）理论学习中心组学习规则》和中央宣传部、中央组织部《关于进一步提高党委（党组）理论学习中心组学习质量的意见》，总结经验、创新做法，聚焦 4 方面 20 项工作任务，明确了“三规范一品牌”工作思路（即规范组织与职责，学习内容、形式及要

① 《如何提高党委中心组学习质量？山西措施来了》,《前进》2024 年第 1 期。

求，管理、考核与问责，打造“以学奋晋”品牌），开展“中心组学习规范年”建设工程。

全省各级党委（党组）理论学习中心组以政治学习为根本，坚持用制度管学、用制度促学、用制度考学，采取有效措施规范学习管理，提高学习制度化规范化。山西省制定《山西省党委（党组）理论学习中心组学习规范年建设工程实施方案》，建立健全符合本地区本部门本单位实际的规范性学习流程，不断丰富学习内容，创新学习方式。各系统按照“一地域一领域一特色”目标，集中打造出一批规范化建设先行先试单位，坚持在“学”字上下功夫，在“用”字上做文章，在“干”字上见成效，达到了以学习提升能力、用学习促进工作的生动实践。

第四章

科学设置党委中心组学习的主要内容

党委（党组）理论学习中心组学习以政治学习为根本，以深入学习中国特色社会主义理论体系为首要任务，以深入贯彻习近平总书记系列重要讲话精神为重点，以掌握和运用马克思主义立场、观点、方法为目的，坚持围绕中心、服务大局，坚持知行合一、学以致用，坚持问题导向、注重实效，坚持依规管理、从严治学。要提高党委中心组的学习质量，必须把准学习的政治方向，科学安排主要内容，联系实际开展研讨。

党的十八大以来，各级党委中心组坚持把学习贯彻习近平新时代中国特色社会主义思想作为重中之重，不断丰富学习内容，有力促进用党的创新理论武装头脑、指导实践、推动工作。各地党委中心组不断探索学习方式，提升学习质量。习近平总书记从理论与实践结合上深刻回答了“为什么学、学什么、怎么学、学出什么效果”等重大问题，推动党员干部真学真懂真信真用，真正把马克思主义看家本领学到手。《学习规则》第九条对学习内容进行了规定，明确“党委（党组）理论学习中心组应当深入学习马克思列宁主义、毛泽东思想、邓小平理论、‘三个代表’

重要思想、科学发展观、习近平新时代中国特色社会主义思想。以深入学习贯彻习近平新时代中国特色社会主义思想为主题主线，准确掌握这一思想的科学体系、丰富内涵、实践要求，深入领会这一思想的世界观、方法论和贯穿其中的立场观点方法。认真学习党章党规党纪和党的基本知识，党的路线、方针、政策和决议，宪法法律法规，社会主义核心价值观，党史、新中国史、改革开放史、社会主义发展史，中华优秀传统文化，新时代坚持和发展中国特色社会主义、全面推进中国式现代化所需要的经济、政治、法治、科技、文化、教育、人才、民生、民族、宗教、社会、生态文明、国家安全、国防和军队、'一国两制'和祖国统一、统一战线、外交、党的建设、中华民族发展史、世界历史等方面知识，党中央以及上级党组织要求学习的其他重要内容"[①]。

我们要认真贯彻落实党中央的要求，科学设置学习的内容，使学习突出重点，取得好的成效。

---

① 《中国共产党党委（党组）理论学习中心组学习规则》，中国法制出版社 2024 年版。

第一节 如何学习党的最新理论创新成果？

学习党的创新理论是党委中心组学习的首要任务。各级党委（党组）理论学习中心组要列出若干专题，联系实际开展研讨，交流运用党的创新理论解决实际问题的具体案例和体会，提出加强和改进工作的思路措施。各级理论学习中心组要善于把学习党的基本理论与学习党的理论创新成果结合起来，把握精神实质，掌握精髓要义，做到真学真懂真信真用。

一、为什么学？

党的十八大以来，以习近平同志为主要代表的中国共产党人，坚持把马克思主义基本原理同中国具体实际相结合、同中华优秀传统文化相结合，科学回答了新时代坚持和发展什么样的中国特色社会主义、怎样坚持和发展中国特色社会主义，建设什么样的社会主义现代化强国、怎样建设社会主义现代化强国，建设什么样的长期执政的马克思主义政党、怎样建设长期执政的马克思主义政党等重大时代课题，创立了习近平新时代中国特色社会主义思想。习近平新时代中国特色社会主义思想，以全新的视野深化了对共产党执政规律、社会主义建设规律、人类社会发展规律的认识，开辟了马克思主义中国化时代化新境界。

党的十九大把习近平新时代中国特色社会主义思想确立为党必须长期坚持的指导思想并写入党章，十三届全国人大一次会议通过的宪法修正案把习近平新时代中国特色社会主义思想载入宪法，实现了党和国家指导思想的与时俱进，反映了全国各族人民共同意志和全社会共同意愿。习近平新时代中国特色社会主义思想，是新时代中国共产党的思想旗帜，是国家政治生活和社会生活的根本指针，是当代中国马克思主义、二十一世纪马克思主义，是中华文化和中国精神的时代精华，实现了马克思主义中国化新的飞跃。

习近平新时代中国特色社会主义思想内涵十分丰富，涵盖新时代坚持和发展中国特色社会主义的总目标、总任务、总体布局、战略布局和发展方向、发展方式、战略步骤、外部条件、政治保证等基本问题，并根据新的实践对党的领导和党的建设、经济、政治、法治、科技、文化、教育、民生、民族、宗教、社会、生态文明、国家安全、国防和军队、“一国两制”和祖国统一、统一战线、外交等各方面作出新的理论概括和战略指引。新思想指导新实践。党的十八大以来，新时代党和国家事业之所以取得全方位、开创性历史成就，发生深层次、根本性历史变革，根本在于习近平总书记作为党中央的核心、全党的核心掌舵领航，根本在于习近平新时代中国特色社会主义思想科学指导。

理论创新每前进一步，理论武装就要跟进一步。与党中央的要求相比，一些党员干部在理论学习上还存在不小差距，没有做到往深里走、往心里走、往实里走。党的十九大以来，我们党开展了多次集中性教育，用习近平新时代中国特色社会主义思想武装全党，为提升理论学习的成效积累了宝贵的经验。2019 年，先后两批在全党开展了“不忘初心、牢记使命”主题教育。2023 年，又分两批在全党开展了学习贯彻习近平新时代中国特色社会主义思想主题教育。通过集中性教育同经常性教育相结合，我们党不断加强党的创新理论武装，提升理论学习的成效，不断提高全党马克思主义理论水平，不断提高党的执政能力和领导水平。但与实践的发展相比，理论武装的任务仍然十分艰巨。

各级党委（党组）要坚持不懈用习近平新时代中国特色社会主义思想统一思想、统一意志、统一行动，着力在武装头脑、指导实践、推动工作上下功夫。要努力提升理论学习的成效，使理论学习有收获。教育引导广大党员干部在原有学习的基础上取得新进步，加深对习近平新时代中国特色社会主义思想和党中央大政方针的理解，学深悟透、融会贯通，增强贯彻落实的自觉性和坚定性，提高运用党的创新理论指导实践、推动工作的能力。党委中心组要推动广大党员干部全面系统学、深入思考学、联系实际学，真正把新思想领悟到位。

二、学习什么？

党委中心组要把学习习近平新时代中国特色社会主义思想作为集体学习的首要任务，坚持读原著学原文悟原理，作出周密安排，开展多形式、分层次、全覆盖的学习培训；要坚持原原本本学、及时跟进学、全面系统学，全面深入把握这一思想的核心要义、精神实质、丰富内涵、实践要求，不断增进政治认同、思想认同、理论认同、情感认同；要做到深刻领悟、深刻把握这一思想的世界观、方法论和贯穿其中的立场观点方法，知其然又知其所以然，不断提高马克思主义理论水平；要做到知行合一，大力弘扬理论联系实际的优良学风，更加自觉用这一思想指导解决实际问题，切实把学习成效转化为做好本职工作、推动事业发展的生动实践。

经党中央批准，主题教育确定了 8 种学习材料，包括党的二十大报告和党章、《习近平著作选读》、《习近平新时代中国特色社会主义思想专题摘编》等。党委中心组要一篇一篇读，逐段逐句悟，通过反复研读、仔细琢磨，真正做到学懂弄通。

要全面领会习近平新时代中国特色社会主义思想的科学体系、核心要义、实践要求，力求熟练掌握这一重要思想的世界观、方法论和贯穿其中的立场观点方法，通过每次学习都能得到提高。坚持干什么学什么、缺什么补什么，深入学习习近平总书记关于本地区本部门本领域的重要讲话和重要指示批示精神，跟进学习习近平总书记最新重要讲话和文章，牢牢把握推动工作的根本遵循。

学习新思想，要选好习近平新时代中国特色社会主义思想的经典版本。党的十八大以来，经党中央批准，有关部门编辑出版了一系列习近平总书记的著作，为各级党组织进行理论武装提供了权威的教材。这些著作内容非常丰富。中央宣传部组织编写了《习近平新时代中国特色社会主义思想学习纲要（2023年版）》，对习近平新时代中国特色社会主义思想作了全面阐述，有助于更好地理解把握党的创新理论的基本精神、基本内容、基本要求。2023年，中共中央文献编辑委员会编辑了《习近平著作选读》，向广大干部群众提供了党的十八大以来习近平总书记最重要、最基本的著作。其他近年来出版的著作还包括习近平总书记的综合文集，中共中央文献研究室摘编了习近平总书记的许多重要论述，以及出版的《十八大以来重要文献选编》上、中、下册，以及《十九大重要文献选编》上、中、下册等。这些都是学习习近平新时代中国特色社会主义思想的权威材料。

学习党的创新理论，要注重学习习近平新时代中国特色社会主义思想的世界观和方法论。“六个必须坚持”是继续推进党的理论创新的科学方法，也是习近平新时代中国特色社会主义思想的世界观和方法论的重要体现，是党内的“共同语言”，要重点学习、深刻领悟、全面把握。必须坚持人民至上、必须坚持自信自立、必须坚持守正创新、必须坚持问题导向、必须坚持系统观念、必须坚持胸怀天下，这“六个必须坚持”每一条都有深厚的内涵，是一个相互联系、彼此支撑、内在统一的有机整体，是马克思主义世界观和方法论在当代中国、在21世纪的最新发展。各级党委党组要把握好、坚持好、运用好“六个必须坚持”的世界观、方法论和贯穿其中的立场观点方法，切实贯彻到各项工作中。例如，国家金融监督管理总局党委成立后，就在第一次中心组集体学习时组织了围绕“以习近平新时代中国特色社会主义思想的世界观和方法论为指导，加强和完善现代金融监督”的集中学习研讨。党委成员一致认为，坚持人民至上，就是要牢固树立以人民为中心的发展思想，把人民群众急难愁盼问题作为金融工作的出发点和落脚点，不断满足人民群众多元化金融服务需求。坚持自信自立，就是要不断深化对金融工作规律的认识，坚定不移走好中国特色金融发展之路。坚持守正创新，就是坚持和加强党对金融工作的集中统一领导，同时不断探索实现理论和实践上的新突破。坚持问题导向，就是要聚焦金融改革、发展和监管面临的突出问题，研究提出务实管用的新思路新办法。坚持系统观念，就是要做到远近结合、上下贯通、内容协调，使金融监管体系更好地体现时代性、把握规律性、富于创造性。坚持胸怀天下，就是要持续深化国际金融监管合作，积极参与国际监管改革进程，为共同应对全球性金融治理挑战贡献中国力量。

学习党的创新理论，要注重使用鲜活、生动的材料。学习习近平总书记成长经历和地方从政经历，对全面、历史地了解习近平总书记的治国理念和执政风格具有重要意义。1982 年 3 月到 2007 年 10 月，习近平同志先后在河北省正定县，福建省厦门市、宁德地区、福州市，福建省委省政府，浙江省和上海市等省市工作。在近 26 年的地方工作实践中，习近平同志积累了极为丰厚的领导工作经验。通过阅读习近平总书记的成长经历和从政实践，有助于人们更加深入地领悟“两个确立”的决定性意义。党的十八大以来，出版了《习近平的七年知青岁月》等著作，人民出版社出版了《让群众过上好日子：习近平正定足迹》《闽山闽水物华新：习近平福建足迹》《干在实处、勇立潮头：习近平浙江足迹》《当好改革开放的排头兵：习近平上海足迹》等图书。各级党委中心组，要组织学习好相关内容，紧密结合与本单位本部门工作相关的部分，精心安排阅读材料。

三、怎么学?

党委中心组学习新思想，要发挥领导干部领学促学、示范带动作用，通过领学原著原文，集中研讨交流、参观红色教育基地等多种方式，推动习近平新时代中国特色社会主义思想入脑入心。在学习过程中要坚持原原本本学，既要全面系统地学习掌握主要内容，又要整体把握这一思想的科学体系，做到融会贯通。要坚持联系实际学，大力弘扬理论联系实际的马克思主义学风，切实做到“三个紧密结合”和“三个深刻把握”；突出重点学，“坚持干什么就重点学什么、缺什么就重点补什么，增强学习的针对性”。

在2023年全党开展学习贯彻习近平新时代中国特色社会主义思想主题教育期间，习近平总书记带领全党深学细悟党的创新理论，深刻阐述了怎么学、学出什么效果的问题。在广东调研期间，他强调“以学铸魂”：就是要做好学习贯彻新时代中国特色社会主义思想的深化、内化、转化工作，从思想上正本清源、固本培元，筑牢信仰之基、补足精神之钙、把稳思想之舵。要坚定理想信念，铸牢对党忠诚，站稳人民立场。在陕西考察期间，他强调“以学增智”：就是要从党的科学理论中悟规律、明方向、学方法、增智慧，把看家本领、兴党本领、强国本领学到手。要提升政治能力、思维能力、实践能力。在内蒙古考察期间，他强调“以学正风”：就是要坚持目标导向和问题导向相结合、学查改相贯通，对标党风要求找差距、对照党性要求查根源、对照党纪要求明举措。要大兴务实之风，弘扬清廉之风，养成俭朴之风。在江苏考察期间，他强调“以学促干”：就是要坚持学思用贯通、知信行统一，匡正干的导向，增强干的动力，形成干的合力，在以学促干上取得实实在在的成效。树牢造福人民的政绩观，鼓足干事创业的精气神，形成狠抓落实的好局面。各级党委党组的学习，就是要努力在以学铸魂、以学增智、以学正风、以学促干上取得明显成效。

要把学习党的创新理论与解决实际问题紧密结合，推动学习成果转化为开展工作的新思路、解决问题的新方法。在学习过程中，要敢于直面存在的问题，对本单位和部门存在的问题进行诊断。比如，辽宁省委理论学习中心组组织的学习研讨会和读书班，就深入学习习近平总书记关于全面从严治党的重要论述，深刻反思辽宁系列腐败案件的根源症结。读书班用一天进行分组交流研讨，大家深刻反思辽宁系列腐败案件根源症结和严重危害，把自身职责摆进去，把分管领域工作摆进去，谈认识、谈体会、谈改进措施，表示要坚决贯彻落实习近平总书记重要指示精神和党中央决策部署，带头担负起管党治党政治责任，推动形成风清气正的政治生态，以良好政治生态护航高质量发展。

要组织好读书班和研讨会。要办好读书班，组织领导班子成员坐下来、静下心去学，时间一般不少于一周。讲好专题党课，主要负责同志带头讲，其他班子成员到分管领域、部门等基层单位或所在支部讲。重点讲学习贯彻党的创新理论的收获体会，讲改进工作的方法举措，防止泛泛而谈、空洞无物。还要抓好个人自学，拿出“挤”和“钻”的精神，真正把学习作为一种生活态度、一种工作责任、一种精神追求。要集中精力，深学细悟，切实做到学出忠诚、学出干劲、学出使命、学出担当。要认真思考，深入研讨，紧密结合实际，把研讨发言的过程转化成开阔发展视野、打破思想束缚、碰撞智慧火花的过程。

要做到学习和使用相结合。学习的成效要看是不是真正触动思想、触及灵魂，不能学用脱节，学归学、说归说、做归做。要坚决避免学习走形式装样子、不系统不深入、学用脱节。我们党要大力弘扬马克思主义学风，坚持用科学理论之“矢”去射强国建设、民族复兴之“的”，真正把学习落实到铸牢理想信念上，推动用党的创新理论统一思想、统一意志、统一行动，坚定正确政治方向；落实到锤炼坚强党性上，强化自我修炼、自我约束、自我改造，坚守共产党人的精神家园；落实到做好本职工作上，善于运用马克思主义立场观点方法分析解决问题、推动事业发展。

案例：山西省阳高县学习党的创新理论

山西省阳高县委理论学习中心组聚焦用党的创新理论武装全党、教育人民这个首要政治任务，突出党委中心组学习的政治性、理论性和时效性。在政治性方面，制定了《2023 年县委理论学习中心组学习计划》《学习贯彻习近平新时代中国特色社会主义思想主题教育县委理论学习中心组理论学习方案》两个学习计划，除下发了主题教育学习材料之外，还先后为县委理论学习中心组成员订购了《中国式现代化面对面》《十九大以来重要文献选编》《习近平法治思想学习问答》《论党对一切工作的领导》《习近平总书记关于网络强国的重要思想概论》《习近平关于城市工作重要论述摘编》等多部学习资料。在理论性方面，在每次开展中心组学习之前，征求全县各单位意见，县委宣传部将学习内容汇总，报县委书记审批。会前将学习资料提前下发，保证中心组成员有充足的时间自学，撰写心得体会和研讨材料。在时效性方面，围绕"巡视整改要求""耕地保护""主题教育"等内容及时开展专题学习研讨。截至目前，阳高县委理论学习中心组共开展学习 20 次，开展专题研讨 8 次。

第二节　如何开展党史学习？

党的历史是最生动、最有说服力的教科书。党的十八大以来，以习近平同志为核心的党中央高度重视学习党的历史，高度重视党史总结、学习、教育、宣传，将其摆在治国理政的重要位置。习近平总书记在中央政治局集体学习等重要场合，发表一系列重要讲话、作出一系列重要论述，深刻阐明我们党百年奋斗的历史价值，深刻阐明我们党关于党的历史的科学认识、基本观点、重大结论，深刻回答为什么学党史、党史学什么、怎样学党史等重大问题，把我们党对党的历史的认识提升到了一个新高度。

2021 年，在中国共产党成立一百周年的重要时刻，我们党在全党开展了党史学习教育，使广大党员、干部受到了一次全面深刻的政治教育、思想淬炼、精神洗礼。党史学习教育积累了一系列行之有效的新鲜经验。2022 年，党的二十大进一步明确全党学习党史的重要性。党的二十大报告提出，坚持理论武装同常态化长效化开展党史学习教育相结合。党的二十大修改的党章在党员义务中增加了学习党的历史的内容，在党的基层组织基本任务中增加了推进党史学习教育常态化制度化的内容。为了推动党史学习教育常态化长效化，中共中央在 2024 年 2 月 5 日印发了《党史学习教育工作条例》，为新时代党史学习教育工作提供了根本遵循。

理论学习中心组学习是开展党史学习教育的主要方式，在推动党史教育常态化长效化中扮演着重要的角色。2022 年 1 月 11 日在省部级主要领导干部学习贯彻党的十九届六中全会精神专题研讨班上，习近平总书记强调："要用好党委（党组）理论学习中心组学习制度，推动领导班子、领导干部带头学党史、经常学党史。"《党史学习教育工作条例》明确要求：各级党委（党组）理论中心组应当把党史作为集体学习的重要内容，纳入学习计划。

一、为什么要学习？

作为一个有着百余年历史的大党，中国共产党在革命、建设、改革的各个历史时期积累了宝贵的历史经验，为全党提供了宝贵的财富。习近平总书记指出：学习党史、国史，是坚持和发展中国特色社会主义、把党和国家各项事业继续推向前进的必修课。这门功课不仅必修，而且还必须修好。过去、现在、未来是相通的。党的历史承载着党的领导地位形成的历史必然性，承载着中国人民走上社会主义道路的历史必然性，承载着我们通过中国式现代化实现中华民族伟大复兴的历史必然性，承载着党领导人民在各个时期取得的伟大历史成就、积累的宝贵历史经验，既是中国共产党人的共同精神家园，又是全党全社会共同的精神财富。实践充分证明，对历史进程的认识越全面，对历史规律的把握越深刻，党的历史智慧越丰富，对前途的掌握就越主动。

我们党历来重视党史的学习，党史学习教育一直是党的思想建设的重要内容。在延安整风期间，通过党史学习，我们党从思想根源上纠正了党的历史上历次“左”倾以及右倾的错误。在毛泽东同志领导下，我们党终于在思想上、政治上、组织上、军事上，第一次达成了高度的巩固和统一。毛泽东高度重视党史学习的意义，他曾在中央学习组围绕如何研究党史作过重要讲话。他指出：“如果不把党的历史搞清楚，不把党在历史上所走的路搞清楚，便不能把事情办得更好。”他提出研究党史的“古今中外法”，要求弄清楚所研究的问题发生的一定的时间和一定的空间，把问题当作一定历史条件下的历史过程去研究。要应用科学的方法来研究我们党在各个时期的策略路线，研究个别的问题。我们党在历史上积累了党史学习教育的宝贵经验，为推动党的事业发展起到了重要的作用。

党委理论中心组开展党史学习教育，对深入推进新时代党的建设新的伟大工程具有重大意义。党史学习教育以其以史鉴今、资政育人的独特功能和价值，在加强党的自身建设、推进党的自我革命、巩固党的长期执政地位中发挥着不可替代的重要作用。用党的历史教育人、启迪人、感化人、鼓舞人，是牢记党的初心使命、坚定理想信念、推进党的自我革命的重要途径，是新时代坚持和发展中国特色社会主义、以中国式现代化全面推进中华民族伟大复兴的必然要求。

二、党史学习学什么？

党史学习教育的主要内容包括党的历史结论和领导人重要论述、党史基本内容、党的历史经验、伟大建党精神等。《党史学习教育工作条例》对党史学习的相关内容进行了具体规定。

在党的历史结论和领导人重要论述方面，要求认真学习《关于若干历史问题的决议》《关于建国以来党的若干历史问题的决议》《中共中央关于党的百年奋斗重大成就和历史经验的决议》，学习毛泽东同志、邓小平同志、江泽民同志、胡锦涛同志关于党史的重要论述，学习习近平总书记关于党史的重要论述和指示要求，理解和把握党中央关于党史的最新表述、评价和结论，自觉在思想上政治上行动上同以习近平同志为核心的党中央保持高度一致。要原原本本学习会议决议，学懂弄通党百年奋斗的光辉历程，学懂弄通党坚守初心使命的执着奋斗，学懂弄通党百年奋斗的历史意义和历史经验，学懂弄通以史为鉴、开创未来的重要要求。

在党史基本内容方面，要全面系统学习党史，学习党在新民主主义革命时期、社会主义革命和建设时期、改革开放和社会主义现代化建设新时期、中国特色社会主义新时代的历史，学习党的不懈奋斗史、不怕牺牲史、理论探索史、为民造福史、自身建设史，认识和把握党对中国人民、中华民族、马克思主义、人类进步事业、马克思主义政党建设作出的历史性贡献。

在党的历史经验方面，要学习和运用党在长期奋斗中积累的宝贵历史经验。我们党一步步走过来，很重要的一条就是不断总结经验、提高本领。党的经验不是从天上掉下来的，也不是从书本上抄来的，而是我们党在历经艰辛、饱经风雨的长期摸索中积累下来的，饱含着成败和得失，凝结着鲜血和汗水，充满着智慧和勇毅。党的十九届六中全会用“十个坚持”归纳总结了党的百年奋斗的历史经验，包括：坚持党的领导，坚持人民至上，坚持理论创新，坚持独立自主，坚持中国道路，坚持胸怀天下，坚持开拓创新，坚持敢于斗争，坚持统一战线，坚持自我革命。党委中心组学习就是要把这些宝贵的历史经验学习好，在前进道路上坚持好。

在伟大建党精神方面，要弘扬以伟大建党精神为源头的中国共产党精神谱系，为强国建设、民族复兴提供精神力量。建党一百多年来，中国共产党在长期奋斗中构建起中国共产党人的精神谱系，锤炼出鲜明的政治品格。党在完成不同历史时期中心任务不懈奋斗的过程中，一代又一代中国共产党人顽强拼搏，不懈奋斗，形成了井冈山精神、长征精神、遵义会议精神、延安精神、西柏坡精神、红岩精神、抗美援朝精神、“两弹一星”精神、特区精神、抗洪精神、抗震救灾精神、抗疫精神等伟大精神，构筑起了中国共产党人的精神谱系。党的伟大精神和光荣传统是我们的宝贵精神财富，是激励我们奋勇前进的强大精神动力。党委理论学习中心组的学习，要善于结合工作实际，深入学习领会相关精神，用好红色资源。

三、怎样学党史？

要坚持政治性和学理性相统一。一方面，在组织党史学习教育中，领导干部要会讲故事、讲好故事，讲好中国共产党的故事。讲故事是讲事实、讲形象、讲情感、讲道理。讲事实才能说服人，讲形象才能打动人，讲情感才能感染人，讲道理才能影响人。一方面，党史学习，要善于组织各种精彩、精练的故事载体，使人想听爱听，听有所思，听有所得。另一方面，学党史讲党史不能停留在讲故事、听故事层面，要防止肤浅化和碎片化。要通过讲故事引导广大党员加深对党的历史理解和把握，加深对党的理论理解和认识，以透彻的学理分析回应党员干部，以彻底的思想理论说服党员干部，用真理的强大力量引导党员干部。

要把学史明理确定为党史学习教育的首要任务。习近平总书记指出，要坚持理论武装同常态化长效化开展党史学习教育相结合。学习党史要和领悟思想相统一，把学习党的创新理论同学习党史基本内容、党的历史结论、党的历史经验、伟大建党精神等贯通起来，把学习党的创新理论、感悟思想伟力摆在党史学习教育的首要位置。要以党委中心组学习的领学，推动广大干部带头学、广大党员跟进学、全社会广泛学，从党的历史中深切感悟马克思主义的真理力量和实践伟力。

要树立正确党史观。习近平总书记强调：如果历史观错误，不仅达不到学习教育的目的，反倒会南辕北辙，走入误区。认真学习党史基本著作和权威读本，准确把握党的历史发展的主题主线、主流本质，正确认识党史上的重大事件、重要会议、重要人物，正确对待党在前进道路上经历的失误和曲折，坚决反对和抵制历史虚无主义，让正史成为全党全社会的共识。

要坚持集中学习和自主学习相结合，坚持规定动作和自选动作相结合，开展特色鲜明、形式多样的学习教育。在党员自学方面，党员应当按照党章和有关党内法规要求，根据自身实际，通过党史阅读组合作、开展研讨交流、参加教育培训、参观红色场馆、参加实践活动等形式学习党史。理论学习中心组要抓好专题学习、专题党课、专题民主生活会、专题培训，精心组织宣讲团开展专题宣讲，用好党的红色资源。

案例：山东省潍坊市委理论中心组紧密结合“我为群众办实事”开展党史学习教育

山东省潍坊市抓好市委理论学习中心组学习全链条管理，着力打造理论学习“示范班”，带动各级党委（党组）理论学习中心组聚焦主题、规范流程，提升学习质量。聚焦“准”字，抓好专题策划。市委理论学习中心组围绕党史学习教育总要求策划学习专题。以习近平总书记重要讲话精神为主题主线，策划推出“学史明理 感悟思想伟大”“学史增信 坚定理想信念”“学史崇德 弘扬优良作风”“学史力行 践履知行合一”4个专题，组织中心组成员集体学习，认真研读党史学习教育指定书目，结合实际开展研讨交流，推动党史学习教育走深走实。聚焦“实”字，抓好组织实施。把组织实施作为关键环节，抓实抓好，确保质量，推动中心组学习往深里走、往实里走、往心里走。聚焦“活”字，创新方式方法。紧密结合潍坊实际，积极创新学习方式，不断增强学习吸引力，促进理论学习更具活力、更接地气。一是红色课堂现场学。赓续红色血脉、弘扬伟大建党精神，带着感情学、带着信念学、带着使命学，采取情景式、体验式等方式，组织中心组成员现场学习，从党史中吸取开拓奋进、干事创业的强劲动力。在党史学习教育中，中心组成员以身作则，带头观看红色电影，积极参加“红心向党”大合唱、红色故事演讲等系列庆祝活动，带动10万多名党员干部群众直接参与。二是向模范榜样学。为进一步拓展基层视野和实践思维，市委主要领导亲自点题、亲自谋划推进，邀请先进模范作专题报告，激励引导党员干部学习先进、看齐先进、争当先进，凝聚齐心协力干事创业的强大正能量。三是上下联动全员学。坚持以讲促学、以上率下、示范带动，在上下联动中推进理论学习，进一步放大学习成果。积极搭建中心组成员与党员群众交流互动的学习平台，推进学习向基层延伸、向党员群众延伸，努力打通理论武装“最后一公里”，把学习成果转化为“办实事”的有力举措。潍坊市聚焦群众急难愁盼问题，推出一批切口小、效果实、群众认可度高的实事项目。“探索建立公共场所限时免费停车制度”“扎实做好‘红黄蓝白金’5件民生实事”两项入选省委党史学习教育领导小组办公室编印的22个“我为群众办实事”实践活动案例。2021年以来，全市各级各部门推出为民惠民事项2743项，解决涉及群众利益的矛盾问题10.3万余个。

第三节　如何学习党章党规党纪？

纪律是党的生命线。党章、党规、党纪是广大党员干部必须时刻坚守的总规矩，是党委中心组学习的重要内容。各级党委理论学习中心组，要教育引导广大党员干部学纪、知纪、守纪，搞清楚党的纪律规矩是什么，弄明白能干什么、不能干什么，始终做到忠诚干净担当。

一、为什么学？

以习近平同志为核心的党中央高度重视党章党规党纪学习教育。习近平总书记多次就开展党章和党规党纪教育学习发表重要讲话、作出重要指示。2015 年 12 月，习近平总书记在全国党校工作会议上指出："很多领导干部犯错误，最后在忏悔书中都说对党章和党规党纪不了解、不熟悉，出了事重新学习后幡然醒悟，惊出一身汗。如果把党章和党规党纪学好了、掌握了，又自觉遵守了，防患于未然，就可以防止一些干部今天是'好干部'，明天是'阶下囚'的现象。"[①]2023 年 3 月 1 日，习近平总书记在中央党校建校 90 周年庆祝大会上发表重要讲

① 中共中央党史和文献研究院编：《习近平关于依规治党论述摘编》，中央文献出版社 2022 年版，第 210 页。

话强调："把党章和党规党纪学习教育作为党性教育的重要内容，引导和推动领导干部不断提高思想觉悟、精神境界、道德修养，树立正确的权力观、政绩观、事业观，保持共产党人的政治本色。"这些重要论述，为高质量开展中心组学习提供了重要遵循。

没有规矩不成其为政党。中国共产党作为世界上最大的马克思主义执政党，党员、干部队伍庞大，管理起来难度很大。只有通过加强党规党纪的学习教育，统一全党的思想，才能真正把全党的力量凝聚起来。我们国家要出问题主要出在共产党内，我们党要出问题主要出在干部身上。当前，严明党纪的任务还很艰巨。从干部个人成长来看，如果违犯党纪国法，不仅误了前程，害了家庭，对党的事业也是一种损失。要通过党委中心组的学习贯彻党章，自觉接受纪律的约束，接受组织和人民的监督。党委中心组学习，要把党章和党规党纪学习教育作为党性教育的重要内容，有效改进党性教育方式方法，提高党性教育实效。

二、学什么？

党的十八大以来，以习近平同志为核心的党中央坚持依规治党，始终坚持以学习贯彻党章统领推进依规治党，注重发挥党内法规在管党治党、提高党的执政能力和领导水平中的重要作用，形成了比较完善的党内法规体系，充分释放了党内法规的强大治理效能。理论中心组学习要把党章和党规党纪列入学习计划，作为学习的重点认真组织好集体学习研讨。

要认真学习党章，全面掌握党章基本内容。党章是党的总章程，是全党必须遵循的根本行为规范，认真学习党章、熟悉掌握党章是党员应尽的义务。党委中心组学习要引导各级干部自觉学习党章、遵守党章、贯彻党章、维护党章，真正使党章内化于心、外化于行。党的十八大之后，习近平总书记专门发表《认真学习党章　严格遵守党章》文章讲学习贯彻党章的重要性。认真学习党章、严格遵守党章，是加强党的建设的一项基础性经常性工作，也是全党同志的应尽义务和庄严责任，对强化全党党章意识，增强党的创造力、凝聚力、战斗力具有极为重要的作用。

党章对党的性质、宗旨、指导思想、奋斗纲领和重大方针政策作出了明确规定，对党员的权利和义务作出了明确规定，对党的制度和各级党组织的行为规范作出了明确规定，对党的各级领导干部的基本条件作出了明确规定，对党的纪律作出了明确规定。对这些重要内容，要全面了解和掌握。要把党章学习教育作为经常性工作来抓，通过日常学习、专题培训等形式，组织党员学习党章。通过学习教育，使全党同志将党章内化于心、外化于行。2020年1月，在“不忘初心、牢记使命”主题教育总结大会上，习近平总书记语重心长地讲：“党员、干部要经常重温党章，重温自己的入党誓言，重温革命烈士的家书。党章要放在床头，经常对照检查，看看自己做到了没有？看看自己有没有违背初心的行为？房间要经常打扫，镜子要经常擦拭。”党委中心组学习党章，不仅要原原本本学、反反复复学，做到知其然，而且要联系实际学、深入思考学，做到知其所以然。通过这样的学习，把党章融会贯通，做到学而懂、学而信、学而用。

要把学习党章同学习党的二十大精神紧密结合起来，同学习贯彻习近平新时代中国特色社会主义思想结合起来，深刻把握党章各项修改的科学内涵和重大意义。2022年10月，党的二十大通过了《中国共产党章程（修正案）》。这次党章修改充分体现了党的十九大以来党中央提出的治国理政新理念新思想新战略，充分体现了党的工作和党的建设的新鲜经验，适应了新形势新任务对党的工作和党的建设提出的新要求。这次党章修改的内容，概括起来主要是九个方面：充实完善习近平新时代中国特色社会主义思想的科学内涵和历史定位；增写党百年奋斗的重大成就和历史经验的内容；调整完善党的奋斗目标的表述；调整完善社会主义初级阶段方面的内容；充实“五位一体”总体布局方面的内容；充实国防和军队建设、统一战线、外交方面的内容；调整充实党的建设总体要求的内容；充实完善坚持党的全面领导的内容；对党员义务、党的基层组织、领导干部基本条件、党的纪律、纪律检查机关、党组的职责定位作了适当修改。要把学习党章作为党委中心组学习的必备课程，把党章学习作为经常性工作来抓。党委中心组要从管党治党、执政兴国，实现党的奋斗目标、历史使命的战略高度，深刻认识党章的极端重要性。

党规党纪是对党章的延伸和具体化。学好了党规党纪，就能弄清楚自己该做什么、不该做什么，能做什么、不能做什么。习近平总书记强调："党员领导干部学习了解党内法规很重要，要把学习党规的要求列入制度，明确每年要学几部，这样一届五年下来，就把党内的这些规定基本掌握了。"他指出："目前，中央党内法规已经有几百部了，每部法规都提出了许多要求，但有的党员干部连通读都没有做到，甚至连执行的人都可能束之高阁，到了执行时就'随手拈来'。将来，在过组织生活、开展集体学习时，要把党内法规组织学习好，让党员干部明白都有什么要求，清楚贯彻执行有什么得失。不能是咱们在这里辛辛苦苦制定一堆法规文件，而他们连到底有多少法规文件都不知道。"[①]

---

① 中共中央党史和文献研究院编:《习近平关于依规治党论述摘编》，中央文献出版社2022年版，第169页。

党的十八大以来，党内法规建设成果累累。截至 2022 年 6 月，全党现行有效党内法规共 3718 部。其中，党中央制定的中央党内法规 221 部，中央纪委以及党中央有关部门制定的部委党内法规 170 部，省、自治区、直辖市党委制定的地方党内法规 3327 部，形成了党内法规制度体系“1+4”基本框架，即在党章之下分为党的组织法规制度、党的领导法规制度、党的自身建设法规制度、党的监督保障法规制度四大板块。2017 年 6 月，中共中央印发《关于加强党内法规建设的意见》，明确将党内法规制度作为各级党委（党组）中心组学习的重要内容。为此，党委中心组学习要引导党员干部认真学习《关于党内政治生活的若干准则》、《中国共产党廉洁自律准则》、《中国共产党纪律处分条例》等党内法规，强化党员干部的党的意识、纪律意识、规矩意识，自觉用党规党纪约束自己的言行。

党的纪律是党赖以建立、生存和发展的最基本的保证。2024 年 4 月，中共中央办公厅印发了《关于在全党开展党纪学习教育的通知》，在 2024 年 4 月至 7 月，集中开展党纪学习教育。《通知》要求，要聚焦解决一些党员、干部对党规党纪不上心、不了解、不掌握等问题，组织党员特别是党员领导干部认真学习《中国共产党纪律处分条例》，做到学纪、知纪、明纪、守纪，把遵规守纪刻印在心，内化为言行准则。党的十八大以来，党中央对《中国共产党纪律处分条例》进行了三次修订，新增16条，修改76条。新修订的《中国共产党纪律处分条例》共158条，进一步细化了相关规定，不断完善纪律规矩，释放了从严治党越来越严、越往后执纪越严的强烈信号。

新修订的条例坚持问题导向，针对近年来监督执纪中经常出现的问题进行了规定。比如，《条例》明确了政治纪律、组织纪律、廉洁纪律、群众纪律、工作纪律、生活纪律等六项纪律，新修订的《条例》将党员干部“贯彻党中央决策部署只表态不落实”行为从违反工作纪律调整到违反政治纪律，并强调对党员干部不顾党和国家大局，搞部门或者地方保护主义的，按照情节轻重给予相应处分。针对近年来监督执纪中发现的一些党员领导干部政绩观扭曲、错位等问题，《条例》在修订过程中，将政绩观错位的相关处分规定纳入政治纪律，进行充实完善，规定：党员领导干部政绩观错位，违背新发展理念、背离高质量发展要求，给党、国家和人民利益造成较大损失的，给予警告或者严重警告处分；情节较重的，给予撤销党内职务或者留党察看处分；情节严重的，给予开除党籍处分。搞劳民伤财的“形象工程”“政绩工程”的，从重或者加重处分。党委中心组要通过学习纪律，加强政绩观教育。要认真学习新的条例对政绩观错位，违背新发展理念、背离高质量发展要求行为的处分决定，确保党中央政令畅通、令行禁止，确保全党团结统一。

党委中心组的学习，要把党纪学习教育放在重要位置。要原原本本，紧扣党的政治纪律、组织纪律、廉洁纪律、群众纪律、工作纪律、生活纪律进行研讨，推动《条例》入脑入心。在学习过程中，要加强警示教育，深刻剖析违纪典型案例，注重用身边事教育身边人，让党员干部受警醒、明底线、知敬畏。把一些反面典型跌入违纪违法泥坑的教训给大家说透，让大家引以为鉴、自觉自律。使每名党员干部都真正从别人身上吸取教训，把未病当作有病防。使铁的纪律转化为党员、干部的日常习惯和自觉遵循。要把开展党纪学习教育同落实党中央重大决策部署、完成本地区本部门本单位重点工作紧密结合起来，使党纪学习教育每项措施都能成为促进中心工作的有效举措，使党纪学习教育取得实实在在的成效。

党委中心组学习党纪，可以采用观看专题片等方式，提升学习的成效。案例是最好的教科书，也是最好的清醒剂。专题片以案件情景重现、违纪违法人员现身说法、办案干部剖析点评，扬清抑浊、震撼心灵，这是对试图伸手者的当头棒喝，对思想松懈者的咬耳扯袖。自 2014 年起，中央纪委国家监委宣传部与中央广播电视总台连续推出了 10 余部电视专题片。专题片既是全面从严治党向纵深推进的忠实记录，又是纪检监察工作高质量发展的生动注脚。年度反腐大片因为视角权威、细节生动、制作精良，每次播出都会引发舆论强烈关注。片中的案例警示我们，无论是防范“围猎”腐蚀、有效应对腐败手段隐形变异和翻新升级，还是彻底铲除腐败滋生土壤实现海晏河清、清理系统性腐败化解风险隐患，仍然任重道远。党委中心组学习要善于结合本单位工作实际，用好专题片等鲜活教材来开展学习。

第五章

切实改进党委中心组学习的方式方法

提升党委中心组的学习质量，要适应新时代对干部学习带来的新变化和新要求，不断改进方式方法，灵活运用好学习载体，拓宽学习渠道。理论学习不能只是简单地说教，要注重把握学习的规律和特点，推动学习往深里走、往心里走、往实里走。新修订的《学习规则》对学习形式作出了更加清晰的界定，对集体学习研讨、个人自学、专题调研等内容作出了规定。要切实改进党委中心组学习的方式方法，有效推动个人自学，创新开展集体学习研讨，提高专题调研质量，拓展形式载体，不断增强理论学习的吸引力、针对性和实效性。

第一节 有效推动个人自学

个人自学是党委中心组学习的重要基点。《学习规则》规定：理论学习中心组成员应当根据形势任务的要求，结合工作需要和本人实际，明确学习重点，研读必要书目，下功夫刻苦学习。《意见》要求，党委中心组成员要根据党委中心组学习计划，结合工作需要和个人实际，列出年度自学清单，明确目标任务；要把个人自学作为党委中心组开展集体学习研讨的前置环节。研讨主题确定后，党委中心组成员要安排一定时间认真自学。

一、个人自学的必要性

个人自学是组织学习的基础。没有个人自学，只靠集体和组织的安排，会大大降低学习的成效。建设学习型组织，要善于激发个人自学的热情，提升个人自学的成效。领导干部学习不学习不仅仅是自己的事情，本领大小也不仅仅是自己的事情，而是关乎党和国家事业发展的大事情。领导干部个人自学的水平，直接决定着党委中心组集体学习的质量。

个人学习对组织学习和组织发展至关重要。《第五项修炼：学习型组织的艺术与实践》这部经典著作，就把自我超越作为学习型组织的第一项修炼。在彼得·圣吉看来，学习型组织的精神，来自组织中的个人对不断学习的追求。“只有通过个人学习，组织才能学习。个人学习不能保证组织学习。但是，没有个人学习就不会有组织学习。”如果没有各级成员在实践中进行这种学习，就不会有学习型组织。一个具有自我超越能力的人，通常具备一些明显的特征：有着明确的目标和使命感；学会了如何观察和运用变革的力量，而不是抵制这种力量；有深入探究的好奇心，致力于不断改进、不断提高观察现实的准确性。有高度自我超越修炼水平的人，总是处于不断学习的状态中，修炼永无止境。

如何在一个组织中培养自我超越和自主学习能力？这对组织领导者提出了一系列挑战。学习型组织理论的奠基者彼得·圣吉提醒我们：“我们必须记住，进行任何个人成长的修炼都应该是自愿的选择。不能强迫任何人进行自我超越的修炼，强制手段一定会产生事与愿违的后果。组织机构如果过于咄咄逼人，强行推动大家进行自我超越的修炼，就会遇到大麻烦。”[①] 党委中心组的学习，要深入思考如何在组织中营造培养

① [美]彼得·圣吉：《第五项修炼：学习型组织的艺术与实践》，中信出版集团2018年版，第176页。

自我超越和个人学习的氛围，不能只是简单地提提要求、喊喊口号。要营造良好的组织氛围，要让个人真正地有动力自主学习，需要组织领导者孜孜不倦地创造一种氛围，使自我修炼的原则能在日常生活中得到实践。

现代化对个人终身学习的能力提出了要求。在快速的经济社会变化下，如果不能及时更新知识和本领，就会被时代淘汰。当今，知识更新的周期大幅缩短，各种新知识、新情况、新事物层出不穷。有人研究过，18 世纪以前，知识更新速度为 90 年左右翻一番；20 世纪 90 年代以来，知识更新加速到 3 到 5 年翻一番。近 50 年来，人类社会创造的知识比过去 3000 年的总和还要多。个人如果不能自觉提高各方面的知识素养，不主动加快知识更新、优化知识结构、拓宽眼界和视野，就没办法赢得主动、赢得优势、赢得未来。

领导干部搞好个人自学，需要注意以下三点：

一要提高学习的兴趣，变“要我学”为“我要学”。兴趣是激励学习最好的老师。中国古人常说：“知之者不如好之者，好之者不如乐之者。”只有真正产生兴趣，才能产生学习的动力，带着个人的问题来学习。领导干部要把学习作为一种追求、一种爱好、一种健康的生活方式，真正爱好学习。有了学习的浓厚兴趣，就可以变“要我学”为“我要学”，变“学一阵”为“学一生”。在这方面，党的老一辈无产阶级革命家是我们学习的典范。毛泽东同志一生博览群书，他最大的爱好就是读书。他常挂在嘴边的一句话就是：“饭可以一日不吃，觉可以一日不睡，书不可一日不读。”在延安时期，毛泽东同志为了鼓励干部学习，曾经说：如果我再过10年死了，那么就要学习9年零365日。毛泽东同志是这样说的，也是这样做的。他是1976年9月9日零时10分去世的。9月7日到8日下午，已经生命垂危的毛泽东仍然坚持看书。根据医疗组护理记录：“九月八日这一天，毛泽东看文件、看书十一次，共二小时五十分钟。”直到心脏停止跳动前一刻，毛泽东同志仍在践行着他“活一天就要学习一天”的信条。

二要善于挤时间，有效管理时间。领导干部工作繁忙，影响个人自学的最主要问题就是没有时间。习近平总书记特别强调学习要善于挤时间。他指出：经常听有的同志说自己想学习，但“工作太忙，没有时间学习”。听上去好像有些道理，但这绝不是不学习的理由。群众说，现在，有的干部学风不浓、玩风太盛。这样“以其昏昏、使人昭昭”是不行的！是要贻误工作、贻误大事的！不注意学习，忙于事务，思想就容易僵化、庸俗化。他要求，领导干部一定要把学习放在重要位置上，如饥似渴地学习，哪怕一天挤出半小时，即使读几页书，只要坚持下去，必定会积少成多、积沙成塔，积跬步以至千里。有效利用好时间，对领导干部个人成长来说是十分关键的。

三要注意结合工作需要和个人实际，带着问题学习。只要脑袋想着问题，想把问题解决好，就会去学习，就会自觉地学习。领导干部要避免陷入事务主义陷阱。毛泽东强调：“我们提倡读书，使这些同志不要整年整月陷入事务主义，搞得很忙乱，要使他们有时间想想问题。现在这些人都是热锅上的蚂蚁，要把他们拿出来冷一下。”我们党在历史上经常会有一段时间要求领导干部抽出时间来读书，给一个系统思考问题的时间。领导干部要从个人实际和工作需要出发，更好地为自己制订个性化的学习规划。每个人的知识和专业背景不同，工作中面临的问题和困惑也不尽相同。只有通过把个人学习搞好，个性化地制定学习的内容，才能避免盲目性，真正帮助个人快速成长。

二、领导干部要爱读书、读好书、善读书

在知识经济的时代，个人自学的方式和途径很多。读书、听课、上网都是学习的重要方式。读书是个人自学的主要方式。读书对一个人成长进步很重要，对领导干部提高自身素质、做好工作更重要。通过读书，不仅可以获取信息、增长知识、开拓视野，还可以培养和提升思维能力，提升精神境界。

党委中心组成员要强化爱读书、读好书、善读书的自觉意识，把读书学习作为自己的责任。

领导干部要爱读书，自觉养成读书学习的习惯。要深刻认识到领导干部的读书学习水平在很大程度上决定着工作水平和领导水平，真正把读书学习当成一种生活态度、一种工作责任、一种精神追求。习近平总书记在谈到领导干部读书问题时就曾经对领导干部读书状况感到忧心忡忡。他把读书问题归结为四个方面：一是追求享乐、玩物丧志，不好读书；二是热衷应酬、忙于事务，不勤读书；三是浅尝辄止、不求甚解，不善读书；四是学而不思、知行不一，学用脱节。他指出，出现这些问题，原因是多方面的。一些同志对读书抱有不正确的观念。有的认为自己现在的知识差不多了，不用读书也能应付工作；有的认为干比学重要，读不读书无所谓；有的认为领导工作太忙，没有时间顾不上读书；有的认为社会上潜规则太多，需要的是关系而不是知识，书读多了反而适应不了社会，按照书上的道理做会吃亏。正是这些“差不多”“无所谓”“顾不上”“会吃亏”的思想观念，影响了一些领导干部的读书学习。

领导干部要读好书，精心制订读书计划。“吾生也有涯，而知也无涯。”人的精力毕竟是有限的，不可能把所有的书都读完。因此，要选择提高思想水平、增强工作能力、完善知识结构，和工作紧密相关的书来阅读。陈云同志曾提出："读书要与懒惰作斗争。要订出一个切实的读书计划，照着去办，坚持不懈。"[①] 要结合工作实际和个人情况，制订阅读计划，力争在最短时间获得最佳的读书效果。《意见》要求，党委中心组要经常性阅读马克思主义经典著作和中华优秀传统文化著作、理论辅助读物及其他相关理论书籍，这就明确了阅读的主要方向。领导干部学习马克思主义理论，首先要阅读马克思列宁主义中国化时代化的最新成果。党中央针对学习贯彻习近平新时代中国特色社会主义思想，为党员干部指定了学习书目，要求大家系统学习。领导干部要追根溯源，认真学习马克思列宁主义经典作家的著作，认真学习毛泽东同志的著作。毛泽东同志在延安时期就对一位进马列学院学习的同志说："马列主义的书要经常读。《共产党宣言》，有时只读一两段，有时全篇都读，每读一次，我都有新的启发。"读马列、学毛著，要精，要原原本本、仔仔细细地读，下一番真功夫。要通过有计划有重点地研读原著，从根本上认识马克思主义的发展历程以及理论创新和实践的关系。除此之外，领导干部要经常性阅读中华优秀传统文化著作。中华优秀传统文化源远流长、博大精深，是中华文明的智慧结晶。只有植根本国、本民族的历史文化沃

① 《陈云论党的建设》，中央文献出版社 1995 年版，第 107 页。

土，马克思主义真理之树才能根深叶茂。中华优秀传统文化的书籍包括历史经典、文学经典、哲学经典、伦理经典等方面，蕴含着中华民族做人做事和治国理政的大道理。要通过研读优秀传统文化书籍，吸收前人在修身处世、治国理政等方面的智慧和经验，不断提高人文素养和精神境界。领导干部要坚持干什么学什么、缺什么补什么的原则，有针对性地补充知识，精心选择经济、法律、文化、管理、国际等方面的书籍文章，使自己不断增加对本职工作的规律性认识。

领导干部要善读书，把书读活。古人曾经说："学而不思则罔，思而不学则殆。"读书学习的过程，是不断思考和认识的过程。思考是阅读的深化，是把书读活的关键。要坚持阅读与思考的统一，防止学而不思和思而不学两种现象。如果只是机械地阅读、被动地接受、简单地浏览，人云亦云，再好的知识也难以吸收和消化。学习理论要联系工作实际进行深入思考，只有带着问题学，才能提高学习的针对性和有效性。习近平同志在担任中央党校校长期间对学员提出要求：读书一定要有问题意识，"只有对现实中的疑惑进行深入思考，才能把零散的东西变成系统的、孤立的东西变为相互联系的、粗浅的东西变成精深的、感性的东西变成理性的"。

领导干部要把思考和写作结合起来，这是提升学习效果的一个有效方式。要善于做读书笔记，撰写读书心得或理论文章，养成边读书边思考的习惯。写作是训练思维的很好的方式，通过写作，能更好地帮助对问题的思考，提高思维的准确性、逻辑性、深刻性、敏捷性、创造性。陈云在谈到读书经验时就提出，读书要做笔记。这有两个好处：一是让你多读几次；二是逼着你聚精会神，认真思索，使你了解深刻些，而不像随笔看过去那样模模糊糊。[①] 通过“动笔墨”，有助于把读、思、写结合起来，不断地深化学习；有助于把党的理论进行综合、概括、比较，深化自己的认识理解。

三、使用是更重要的学习

学习的成效在于解决实际问题，把研究和解决现实问题作为学习的根本出发点。学习不能死读书、读死书，要把理论知识和实践经验运用到工作之中，实现“知与行”和“学与用”的统一。领导干部要善于运用党的科学理论优化思想方法，解决思想困惑，检视自身思想作风和精神状态。要坚决避免学习的形式主义，防止学习应付场面、蜻蜓点水、浅尝辄止、不求甚解，真正做到干中学、学中干，学以致用、用以促学、学用相长。

---

① 《陈云论党的建设》，中央文献出版社 1995 年版，第 107 页。

学习的目的全在于运用。把学习和使用结合起来是中国共产党人成功的重要秘诀。毛泽东指出："读书是学习，使用也是学习，而且是更重要的学习。"毛泽东在谈到如何研究战争时，就提出我们的主要方法就是从战争学习战争。没有进学校机会的人，仍然可以学习战争，就是从战争中学习。革命战争常常不是先学好了再干，而是干起来再学习，干就是学习。从"老百姓"到军人之间有一个距离，但不是万里长城，而是可以迅速地消灭的，干革命、干战争，就是消灭这个距离的方法。习近平总书记指出："我在长期工作中最深切体会就是：社会主义是干出来的。"他反复提醒全党："空谈误国，实干兴邦。""知者行之始，行者知之成。"学到的东西，不能只装在脑袋里，而应该落实到行动上，做到知行合一、以知促行、以行求知。不论学习还是工作，只有面向实际、深入实践，才能获得真知。

第二节　开展好集体学习研讨

集体研讨是党委中心组学习的主要形式。做实集体研讨，创造性地推动团队学习，是建设学习型组织的关键。现代管理学的研究显示，个人学习与组织学习是不相关的。个人学习无时不在，但是组织学习却不一定发生。只有把个人自学和集体研讨结合起来，才能提升学习的成效。

一、集体学习的重要意义

党委（党组）理论学习中心组主要由党委（党组）领导班子成员组成。搞好集体学习研讨，有助于充分发挥领导班子的作用，增强团队的凝聚力，使团队成员对共同目标有更多的共识。中国共产党有着集体学习的优良传统，逐步建立了集体学习的制度。通过不断做实集体学习，能够以示范效应带动组织的学习。

在历史上，中国共产党就注重把个人自学和集体学习结合起来。1939 年 5 月，毛泽东在延安在职干部教育动员大会上就深入论述了个人学习和组织学习的重要性。他指出，我们的方法是采取个人行动和组织活动互相配合起来，对学习既有自觉的热情又有健全的领导。要把从前有书只管自己读不给人家读的作风改正过来，互相做先生，互相做学生、做同学。陈云在谈到理论学习时也提出：读书最好有个小组，几个人在一起讨论一下，可以互相启发，程度低的还可以得到程度高的同志的帮助。[①] 陈云在担任中央组织部部长的时候，就在中央组

---

① 《陈云论党的建设》，中央文献出版社 1995 年版，第 107 页。

织部内成立了一个学习小组，一共由六个人组成，有陈云、李富春、陶铸、王鹤寿、陈正人、王德，再加上几位旁听的“后排议员”。他认为，学习小组不要很多人，大体上要处在同一理论水平。学习的方法是，规定每周看几十页书，然后讨论一次，研究学习中遇到的问题，各种意见都可以争论。[①]

改革开放以来，中央逐渐建立了集体领导学习制度，形成一系列开展集体学习的好做法。党的十六大以来，中共中央政治局认真开展集体学习，为各级党委（党组）树立了榜样。2002 年 12 月，中共中央政治局开展了第一次集体学习。胡锦涛同志要求，中共中央政治局集体学习原则上每个月都要进行，要作为一项制度长期坚持。大大加强学习，对我们不断提高思想政治水平和知识水平，不断提高领导水平和领导能力，必将大有益处。20 多年来，中共中央政治局集体学习制度逐步完善和发展，已经成为中国共产党治国理政的一项重要制度安排。中共中央政治局集体学习由中共中央总书记亲自主持，政治局全体委员共同参与，可以邀请国家智库成员或相关领域专家围绕党和国家的中心工作和大政方针等重大问题进行专题授课，或以相关部门负责人谈体会的形式展开，对凝聚高层共识、统一思想和决策制定起到了至关重要的作用。

① 《陈云文选》第三卷，人民出版社 1995 年版，第 361 页。

要有效地开展集体学习研讨，需要认真开展筹备工作。以中央政治局集体学习为例，选题方面有着认真的考虑。中共中央办公厅、中共中央政策研究室和与选题有关的部委机构承担着中央政治局集体学习的具体筹备事宜。从程序上看，主要包括定题、选人、定稿、授课四个部分。授课主题的确定主要有两个途径：一类是高层领导根据自己的关注度亲自点题；另一类是由中共中央办公厅牵头，中共中央政策研究室根据改革和发展中的重大问题圈定，先协商出一个意向性的题目，然后报批。有助于通过带头学习，将中央的决策准确高效地贯彻下去。

要有效开展集体学习和研讨，学习内容安排要有针对性。学习的主题，都是围绕当时或一个时期内党和国家的中心工作、社会主要矛盾和战略问题展开，尤其侧重政治、经济、意识形态等方面的重大问题。党的十八大以来，中共中央政治局的集体学习尽管主题不同，内容各有侧重，但是有一条主线贯穿始终，就是通过习近平新时代中国特色社会主义思想凝聚全党共识。党的二十大闭幕后，中共中央政治局分别围绕“全面学习把握落实党的二十大精神”“加快构建新发展格局，增强发展的安全性主动性”“把学习贯彻习近平新时代中国特色社会主义思想不断引向深入”“加快建设教育强国，为中华民族伟大复兴提供有力支撑”“不断深化党的理论创新的规律性认识”“铸牢中华民族共同体意识，推进新时代党的民族工作高质量发展”“加强涉外法治建设，营造有利法治条件和外部环境”“加快发展新质生产力、扎实推进高质量发展”等主题进行了集体学习。每次中央政治局集体学习之后，相关部门就会围绕学习的主要精神和内容，出台一系列的政策和文件，及时贯彻和落实中央政治局集体学习的要求。

要有效开展集体学习，促进交流和互动。集体学习的本质是团队学习的修炼。从管理学的角度来看，学会团队学习，对当今的组织机构来说具有前所未有的重要性。团队是组织机构中的关键学习单元。现在几乎所有重要的决策，都由团队来完成。有时是由团队直接做决策，有时是需要团队来完成。如果缺乏团队学习，组织内部的协调配合就会出现问题。对一个缺乏协同配合的团队来说，其基本特点就是浪费精力。团队中的个人可能都非常努力工作，但他们的努力不能有效地转为团队的绩效成果。只有通过有效的组织，大家才能在方向上共同一致，大家的精力和能量才会得到融合和协同，减少损耗，实现互助互补。因此，集体学习就是协同校正的过程，是开发团队能力的过程。在集体学习的组织安排上，要学会挖掘个人的思想潜能，让团队的智慧高于个人的智慧，通过有效的组织产生有创新的、协调的行动，增进团队成员之间的关系。学习型团队要不断广泛传授团队学习的技能和实践方法，来培育其他团队的学习实践。

要有效开展集体学习，还要结合本单位本部门的工作实际，结合实际情况来贯彻落实。一方面，要突出学习的主线，打牢思想理论的基础。引导和推动本单位把学习贯彻习近平新时代中国特色社会主义思想引向深入，把握这一思想的世界观、方法论和贯穿其中的立场观点方法。要通过集体学习，把党的创新理论运用到贯彻落实党的二十大提出的重大战略部署中去。对各领域提出的新理念、新思想、新战略，对各方面工作提出的具体要求，都要放在整个科学体系中来认识和把握，避免碎片化、片面性。另一方面，要突出问题导向，结合本单位面临的突出问题和突出矛盾，结合实际来安排集体学习。要着力发现和解决各种苗头性、倾向性的问题，让党委中心组的成员围绕问题开展深入研讨交流，拓展实践的路径，破解发展的难题，激发动力和活力。

二、集体学习开展的主要形式

党委中心组的集体学习，要坚持专题化研讨为主，采用学习会、读书班等形式，围绕明确的主题、安排充足的时间开展研讨式学习。《学习规则》要求，集体学习研讨应当保证学习时间和质量，以集体研讨形式开展的党委中心组学习每季度不少于1次，党委中心组成员每年重点发言不少于1次。《意见》还对专题研讨开展的成效提出了具体的要求。

党委中心组学习，要以专题化研讨为主。深入认真地开展研讨，是搞好党委中心组学习的关键。通过中心组的学习，挖掘个人的思想潜能，让团队的智慧高于个人的智慧，让每一名成员对复杂问题有深入的思考和明晰的理解。集体学习需要通过一系列机制，来促进团队成员之间的对话交流，最大限度地挖掘成员的潜能。如何确保研讨有深度、有质量、有收获，是党委中心组学习的组织领导者需要认真思考的问题。

组织好研讨交流一般应该包括发言、讨论、交流三个环节：第一个环节是安排重点发言。在这个环节，党委中心组成员要做到自己写、主动讲，在深入思考的基础上，认真撰写发言提纲，积极参加研讨；要充分发挥社会参与者的主动性和积极性，围绕问题进行研讨，保证发言有深度有准备。第二个环节是讨论。在会议上，要营造便于展开讨论的氛围，要让党委中心组成员充分发表意见。参加者要暂时悬置自己的观点，从不同角度思考问题。如果在讨论中遇到分歧，就应该适当地进行讨论，允许提出不同的意见。集体研讨在安排重点发言的同时，倡导随机式、互动式发言，在充分讨论、思想碰撞中互相启发、深化认识。第三个环节是交流。要在党委中心组学习中形成交换意见的氛围和作风，通过交流经验，互相了解、互相学习、互相帮助，共同提高。

专题学习会是集体学习制度的延伸，指的是利用单位全体人员集中起来的机会，在学习结束后召开的短会。这种学习会比较便捷和灵活，有利于快速贯彻和落实会议精神，及时了解相关情况。专题学习会的时间一般不长，要求组织者把话讲到关键处，针对单位实际情况提出具体要求。习近平同志在地方担任领导期间，就十分善于召开专题学习会。比如，2002 年 11 月 23 日，习近平在浙江省委理论学习中心组学习会上，就专门谈了学习的问题。2003 年 2 月，他又对调研工作提出"深、实、细、准、效"的要求。2005 年 1 月 14 日，他又围绕保持先进性，提出了用科学理论管好自己、用组织原则管好自己、用思想武器管好自己、用人格魅力管好自己的要求。此外，习近平先后围绕牢固树立和认真落实科学发展观，推动浙江经济社会全面协调可持续发展等召开了专题学习会。他在这些学习会上的讲话紧密联系实际，事例鲜活，语言生动，通俗易懂，对领导干部贯彻和理解中央政策起到了重要的作用。

从实践来看，组织好专题学习会，需要把握好以下两项原则：一是要把道理讲明讲透。会议前的学习可以是报刊上的一篇或者几篇文章，也可以是某本书上的部分内容，还可以是一份文件。要通过专门解读，把道理讲清楚，对单位人员起到积极的引导作用。二是要通报情况。及时让单位人员随时了解单位的整体状况，提升工作协调和配合的能力，提升单位的整体工作效果，让大家明确自身所承担的工作在全局中的位置和意义。

读书班也是进行集体学习研讨的重要方式。读书班就是围绕重点书目，共同阅读和学习相关著作，进行深入交流。从实践来看，办好读书班，需要紧密结合工作实际，精心拟订主题，保证读书时间。比如，2024 年 2 月，四川省级领导干部和市厅级主要负责同志推动高质量发展专题读书班，就用 4 天集中进行思想充电，聚焦四川发展的关键课题，要求领导干部系统学习高质量发展的发展脉络和核心要义，思考四川推动高质量发展的做法。再比如，共青团中央专门举行了学习《习近平关于青少年和共青团工作论述摘编》的主题读书班，以两本论述摘编和《习近平的七年知青岁月》为基本教材，深入学习领会习近平总书记关于青年工作的重要思想，研究部署全团学习宣传的有关工作。学习的组织者要结合单位情况，确定好读书班的内容，合理安排阅读材料，确保读书班取得实效。

案例：佛山市委创新集体学习研讨模式

佛山市委推出“集体学习研讨 +”模式，以多样化方式提升学习质量。注重采用“研讨学＋自主学”“研讨学＋辅导学”“研讨学＋调研学”等模式，坚持把“集体学习研讨＋”贯穿学习始终，确保学习效果。比如，在全市组织开展的“习近平新时代中国特色社会主义思想大学习”和“‘进一步解放思想、改革再深化’大学习大讨论”等活动中，市委中心组成员坚持读原著、学原文、悟原理，撰写学习心得体会文章，并结合佛山创新发展和自身工作领域等进行互动交流，增强启发性；在开展习近平总书记视察广东重要讲话精神专题学习时，市委中心组成员在听取广东省委宣讲团成员作专题辅导报告后，再进行集体学习研讨，把握精神实质，掌握精神要义，做到真学真懂真信真用。佛山市委认为，开展好党委中心组的集体学习，要抓好选题策划，聚焦于“准”。一是围绕党的创新理论策划选题。紧扣习近平新时代中国特色社会主义思想，确定学习重点，把准学习方向。二是围绕上级决策部署和佛山经济社会发展重点与难点策划选题。三是围绕佛山市民群众关心关注的热点话题策划选题。佛山市委印发学习专题征集通知，要求各区各单位围绕贯彻落实习近平新时代中国特色社会主义思想和当前佛山市民群众关心关注的热点话题，结合实际推荐学习专题，审定后纳入市委理论学习中心组年度学习计划。

第三节　开展好专题调查研究

调查研究是党委中心组学习的重要环节。《学习规则》把专题调研作为学习的重要制度安排，要求理论学习中心组成员应当把理论学习和专题调研结合起来，深入基层、深入群众，扎实开展调查研究，深化理论学习。党委中心组要联系学习主题开展务实有效的调研活动，以更强的现实针对性推动学习不断深入；要把调查研究贯穿学习始终，使调查研究的过程成为加深对党的创新理论领悟的过程，成为推动事业发展的过程。

调查研究是我们党的传家宝，是坚持实事求是的良好的学风的体现。我们党历来强调把学习和调查研究紧密结合起来，坚持一切从实际出发，准确把握实际情况。以毛泽东同志为主要代表的中国共产党人十分重视应用马克思主义理论对中国社会的实际情况进行调查研究。在革命战争期间，毛泽东同志就对农村作了深入的调查，写作了《湖南农民运动考察报告》。在井冈山和中央革命根据地，他特别注重深入调查研究，强调调查研究是一切工作的第一步。他所写的《反对本本主义》一文一开头就痛切地提出了“没有调查，没有发言权”的论述：“许多同志都成天地闭着眼睛在那里瞎说，这是共产党员的耻辱，岂有共产党员可以闭着眼睛瞎说一顿的么？要不得！要不得！注重调查！反对瞎说！”

1941年8月，毛泽东同志主持起草《中共中央关于调查研究的决定》。决定要求全党调查研究、了解情况的工作，同学习马克思列宁主义理论密切联系起来。决定指出："党内许多同志，还不了解没有调查没有发言权的真理。还不了解系统的周密的社会调查是决定政策的基础。还不知道领导机关的基本任务就在于了解情况与掌握政策，而情况如不了解，则政策势必错误。"这个决定要求全党采取具体措施，搜集国内外政治、军事、经济、文化及社会阶级关系各方面的材料，加强对于历史，对于环境，对于国内外、省内外、县内外具体情况的调查研究。这个决定还提出了不少调查研究的具体方法，包括邀集有经验的人开调查会，个别口头询问，收集县志、府志、省志、家谱加以研究等。这些要求和方法，至今仍然具有重要启示意义。

习近平同志在地方工作期间就高度重视开展调查研究，把党委中心组学习和调查研究结合起来。2003年，在浙江省委理论中心组学习会上，习近平同志就提出："调查研究是密切联系群众的重要途径，是加强党的作风建设的切入点和重要环节。"在浙江工作期间，习近平同志在全省大兴调查研究之风，要求各级领导干部在调查研究工作中，一定要保持求真务实的作风，努力在求深、求实、求细、求准、求效上下功夫。他强调，找准求真务实的途径，就是要深化理论武装求真谛，深入调查研究重实际。脱离了扎实的调查研究，学习理论容易堕入空谈和玄虚。

党的十八大以来，以习近平同志为核心的党中央高度重视调查研究工作，在全党大兴调查研究之风。习近平总书记强调指出：调查研究是谋事之基、成事之道，没有调查就没有发言权，没有调查就没有决策权；正确的决策离不开调查研究，正确的贯彻落实同样也离不开调查研究；调查研究是获得真知灼见的源头活水，是做好工作的基本功。这些重要指示，深刻阐明了调查研究的重要性。2023 年 3 月，中共中央办公厅印发了《关于在全党大兴调查研究的工作方案》（以下简称《方案》），对调查研究的总体要求、调查内容、方法步骤、工作要求都进行了详细规定。《方案》明确提出："各级党委（党组）要通过理论学习中心组学习、读书班等，组织党员、干部深入学习领会习近平总书记关于调查研究的重要论述，学习习近平总书记关于本地区本部门本领域的重要讲话和重要指示批示精神，继承和发扬老一辈革命家深入基层调查研究的优良作风，增强做好调查研究的思想自觉、政治自觉、行动自觉。"

党委中心组开展调查研究，首先要把准调研的内容。要紧密联系本地区本部门本单位实际，聚焦突出矛盾和问题，围绕全局性、战略性、前瞻性问题开展调查研究，促使领导干部在学习中提高解决问题的能力。党委中心组学习要联系学习主题开展务实有效的调研活动，以更强的现实针对性推动学习不断深入。《方案》指出，在全党大兴调查研究，要紧紧围绕全面贯彻落实党的二十大精神、推动高质量发展，奔着问题去，实行问题大梳理、难度大排查，着力打通贯彻执行中的堵点淤点难点。《方案》提出了六种类型的调查研究，要求各级党委（党组）要立足职能职责，围绕做好事关全局的战略性调研、破解复杂难题的对策性调研、新时代新情况的前瞻性调研、重大工作项目的跟踪性调研、典型案例的解剖式调研、推动落实的督察式调研，突出重点，直击要害，结合实际确定调研内容。各地方各部门党委中心组学习和调查研究主题应结合实际。例如，国家税务总局召开党委理论学习中心组学习（扩大）会议，深入学习领会习近平总书记关于调查研究的重要论述，结合税收工作实际开展交流研讨，切实抓好调查、研究、改进、建议“四个步骤”，聚焦深入贯彻党的二十大精神和习近平总书记关于税收工作的重要指示批示精神，聚焦认真落实党中央、国务院决策部署，聚焦深化巡视、审计监督反馈问题整改，聚焦纳税人、缴费人和基层税务人所需所盼，聚焦税收工作中的重点难点堵点问题，采取学习走访找差距、多方座谈听意见、转换角色走流程、蹲点体验察实情、解剖麻雀寻根源、跟踪督促抓落实等方式，确保调研取得实实在在的效果。

党委中心组开展调查研究，要注重实效，真正把情况模式摸透。习近平总书记强调:“各方面对调查研究是重视的，但还要下更大功夫，关键是把调查研究做深做实，避免浮在表面、流于形式。”调查研究要做得深入一些，避免走马观花和浮光掠影。近的远的都要去，好的差的都要看，干部群众的表扬和批评都要听，要把实际情况摸准摸透，避免弄虚作假。调查研究要善于解剖麻雀，以小见大。要结合典型案例，分析问题、剖析原因，举一反三采取改进措施。调查研究要眼睛向下、脚步向前，真真实实把情况摸清楚，要走入基层一线，现场看、当面听、直接问、“七嘴八舌”地讨论。吸取基层经验和群众智慧，做到胸中有数、有的放矢。

调查研究要全面收集信息，提高效率。要善于使用现代信息技术了解民意、开展工作。要灵活使用电话、微博、微信、网站、博客等收集信息，快速掌握第一手资料。各级领导干部要学会通过网络走群众路线，经常上网看看，潜潜水、聊聊天、发发声，了解群众所思所愿，收集好想法好建议，积极回应网民关切、解疑释惑；要注意结交敢于讲实话讲真话的知心朋友和身边工作人员，要重视听取各方面意见，包括少数人的意见、反对的意见，立体式地进行分析、三思而后行，防止自以为是。要建立起有效的情况报送和信息反馈机制，把各方面新情况新问题、贯彻落实党中央方针政策的意见和建议、干部群众关注的热点焦点问题等及时收集起来，归纳综合，分析研判，为党委中心组决策提供重要依据。

党委中心组成员要带头调研、经常调研。党委中心组学习每年至少召开 1 次专题调查研究，党委中心组成员每年至少撰写 1 篇高质量的调研报告。调查研究要把握好方法步骤。《方案》明确了调查研究的 6 个步骤：提高认识、制订方案、开展调研、深化研究、解决问题、督查回访，为党委中心组开展调查研究指明了方向。党委中心组成员要结合本职工作，采取实地走访、座谈交流、小组讨论、线上互动等方式开展调研，把情况摸清楚；要深入基层单位，掌握实情，问计于群众，问计于实践；要转换角色、走进群众，了解群众的烦心事、操心事、揪心事，发现和查找工作的差距不足。

要在调查的基础上深化研究，防止调查多研究少、情况多分析少，提出的对策建议不解决实际问题。要注意用扎实的调研成果为党委中心组学习提供有力支撑。不仅要摸准事情，还要把问题找准、把对策提实。要注意全面梳理汇总调研情况，要进行深入分析、充分论证和科学决策。特别是对那些具有普遍性和制度性的问题、涉及改革发展稳定的深层次关键性问题，以及难题积案和顽瘴痼疾等，要研究透彻、找准根源和症结。在此基础上，领导班子交流调研情况，研究对策措施，形成解决问题的思路办法和政策举措，确保每个问题都有务实管用的破解方法。

如何开展调查研究是观察领导干部的作风的表现。要坚决克服形式主义和官僚主义，防止走过场、不深入，不搞作秀式、盆景式和蜻蜓点水式调研。调查研究要防止本末倒置，为调研而调研。习近平总书记曾批评一些地方的调研现象，他说："现在调查研究好像还有一个'功能'，就是让别人知道我在调查研究，我在忘我干工作，我在接触群众。这个'功能'在一些人那里似乎渐渐变成了调查研究的主要功能，调查研究的目的倒变成次要的，甚至可有可无的。"这种装模作样、假模假式的调查研究不但不能反映真实情况，反而会导致信息失真、决策失误。为了更好地把理论学习和调查研究结合起来，党委（党组）要加强调研统筹和组织，结合党委中心组学习的主题来系统安排，避免出现扎堆调研、多头调研、重复调研。要把调研成果通过党委中心组学习得到深入讨论，成为党委（党组）决策的重要依据，有效转化为改革的举措，找到破解难题的办法和路径。

案例：中化集团党组强化专题调研助力转型发展

中化集团党组历来重视调查研究工作，坚持学思践悟、融会贯通，打通学用结合最后一公里，在实地调研中问诊，在集体研讨中会诊，充分发挥中心组政治思想“策源地”和改革发展“动力源”的作用，有效推动战略重组、科技创新、改革转型等重大战略落实落地，助力企业高质量发展。

一是建立常态机制，明确制度规范。中化集团党组在系统梳理总结近年探索实践的基础上，建立理论学习中心组专题调研长效机制，推动调查研究制度化、规范化、常态化。制定出台《中化集团党组（党委）理论学习中心组专题调研制度》《中化集团领导班子成员基层调研工作规则》，明确规定专题调研的指导思想、总体要求、调研方式、调研报告的形成、成果运用及有关纪律等。二是紧扣中心大局，精准把脉开方。坚持学以致用和问题导向的原则，紧紧围绕落实习近平总书记重要指示批示、重要讲话精神和党中央重大决策部署，集团改革转型的重大战略和改革发展的中心任务，企业经营管理、党的建设等工作中的重点难点问题，确定主题，明确方向，增强调研针对性精准性实效性。各级中心组每年定期组织召开调研成果交流会，中心组成员结合专题调研报告分享调研成果、交流心得体会，并就企业重大问题进行研讨，为企业发展精准“把脉”、精准“开方”。三是强化成果运用，助力企业发展。运用创新理论有效解决困难问题，及时把调研成果转化为谋划工作的思路、制定政策的依据、解决问题的举措，推动企业高质量发展。针对专题调研中发现的农业种业领域发挥国家队作用不够的问题，成立中化种业战略发展专项工作小组，牵头制定种业“十四五”专项规划，部署种业发展重点工作，切实承担好“打一场种业翻身仗”的战略使命。

第四节 拓展形式载体

党委中心组的学习，要拓展形式载体，不断进行学习内容和学习方法的创新，提升学习的成效。集体学习要通过看得见、摸得着的方式，创造实实在在的载体，寓教于乐，入耳入脑，深入人心，潜移默化。理论学习不能只靠说教，单方面的灌输，要通过多种有效的载体，通过积极探索和创造更多更加贴近实际的有效载体，使学习活动开展得有声有色、富有实效。

互联网是新时代开展集体学习的重要载体，党委中心组要善于开展形式多样的网上学习。要用好“学习强国”学习平台、“共产党员”教育平台、中国干部网络学院等网络学习平台，把这些平台和党委中心组的集体学习研讨和个人自学有机结合起来。当今世界，互联网、云计算、大数据等现代信息技术深刻改变着人类的思维和学习方式。信息技术的发展，也深刻改变了党员领导干部获取信息和知识的方式。如何建设“人人皆学、处处能学、时时可学”的学习型社会，适应信息化时代对学习模式的变革，具有十分重要的意义。习近平总书记指出：现在，各级领导干部特别是高级干部，如果不懂互联网、不善于运用互联网，就无法有效开展工作。他特别要求各级领导干部要学网、懂网、用网，主动适应信息化要求，强化互联网思维。当前，许多党员领导干部在使用互联网上存在一定的差距。有的同志对信息化“无感”，对互联网发展视而不见。有的同志对互联网可能带来的风险缺乏预判，遇到问题束手无策。有的同志对互联网一知半解，赶时髦、炒概念。有的同志认为互联网是年轻人玩的东西，不学网、不懂网、不用网。[①]

我们要不断提高新的信息技术在日常工作、学习、生活中的深度应用，不断提升人们的工作效率、学习能力、生活质量。最近十年来，社交媒体和人工智能技术快速发展。微博、微信、抖音、ChatGPT、Sora 等都在深刻改变着人们学习的方式，深刻影响着人类的思维，甚至是交流沟通方式。党员领导干部如果不善于运用这些新媒体和新技术，就有可能在知识更新等方面和社会脱节，甚至出现“失语”和“失聪”现象。要防止党群之间出现“数字鸿沟”。但应该注意到，互联网上信息驳杂，观点混乱，需要领导干部保持政治敏锐性和识别能力。一些社交平台成为谣言扩散器，一些网站一味追求点击率，还有

① 《习近平关于网络强国论述摘编》，中央文献出版社 2021 年版，第 11 页。

的搜索引擎以给钱多少作为排位的标准，还有的出现了“算法杀熟”等现象。这些乱象，都对领导干部识别和筛选信息的能力提出了很高的要求。近年来，在有关部门的组织领导下，我国打造了一批具有强大影响力、竞争力的新型主流媒体。这些主流网站、平台和媒体，信息权威性高、来源可靠，已经成为引领主流舆论的主要载体。党员领导干部在网上学习时，要养成使用这些互联网平台的习惯，快速获取信息。

开展形式多样的网上学习，要避免形式主义。“学习强国”学习平台是科学理论的学习阵地，是各级党组织有效推进个人自学和集体学习的有效载体。但是，在一些地方的运用过程中，却出现了跑偏的现象。在中央层面整治形式主义为基层减负专项工作机制办公室公开通报的典型问题中，有的单位在学习使用“学习强国”中搞积分排名、通报约谈，引起党员干部抵触情绪。该单位召开“学习强国”分数落后学员集体约谈会，指出该单位 28 名党员干部中，只有 18 人学习情况较好，其他人员学习主动性不强，要求每日学习积分达到 30 分以上。该单位还在内部工作群通报“学习强国”每周积分排名前 6 位和后 6 位学员名单，这种做法给党员干部额外增加了学习负担。本来出发点良好的事情，却在这样的安排下变了味道，违背了组织学习者的初衷。

邀请专家学者作专题辅导或事迹报告是开展集体学习的重

要方式。党委中心组可结合学习主题，适当邀请领导干部、专家学者、先进模范人物等作专题辅导或事迹报告。开展好专题辅导，关键是选好主题和主讲人。挑选主讲人时，既要考虑其政治可靠性，又要考虑其专业水平。中共中央政治局邀请的主讲人既包括分管领域和地方的领导，又包括社科院、高校、中央党校、国家智库的权威学者。例如，2024 年 1 月中共中央政治局围绕“扎实推进高质量发展”开展集体学习，就邀请了马兴瑞、何立峰、张国清、袁家军等同志结合分管领域和地方的工作作了发言。何立峰是中央财办主任、中央金融委员会办公室主任、中央金融工作委员会书记；张国清是国务院安委会主任、国家防灾减灾救灾委员会主任；马兴瑞、袁家军、陈敏尔均为地方省级党委书记，分别是新疆维吾尔自治区党委书记、重庆市委书记、天津市委书记。分管领域和地方的领导熟悉本地本领域工作情况，他们的讲解有助于把握实际情况，为决策提供支撑。

除了相关领域领导干部之外，集体学习也可精心筹备邀请学有所长的专家学者进行专题辅导。在讲课过程中，主讲人要深入讲解相关题目，中共中央政治局各位同志认真听取讲解、进行交流，并留出时间来提问和讨论。学习时间一般在 120 分钟左右，讨论和提问 30 分钟，最后由习近平总书记发表讲话。这些专题辅导对领导干部深入了解相关领域情况、科学决策和提升认识有重要意义。

先进事迹报告具有鲜活生动的特点，有助于推动党委班子和单位成员见贤思齐，学习模范。习近平总书记多次对先进事迹作出重要批示，要求用英雄模范的感人故事激励全党全国各族人民坚守爱国情怀、坚定奋斗意志，为实现中华民族伟大复兴的中国梦凝聚起强大精神力量。习近平总书记先后对学习邹碧华同志先进事迹，学习黄大年同志先进事迹，学习宣传海军某潜艇基地官兵先进事迹等作出重要批示，要求用他们的先进事迹教育人、感染人、启发人、引导人、鼓舞人，充分发挥先进典型的示范引领作用。各级党委（党组）要善于发现和发掘身边的典型，营造学习先进、争当先进的氛围；要让先进典型和榜样实实在在看得见，感受得到，有说服力，可以学习。

要充分利用红色资源、科创资源、文化资源和各级各类党员教育培训基地等，组织开展情景式、沉浸式、体验式、案例式学习。充分利用好这些资源和基地，会使学习更加生动有趣，对提升学习效果具有十分重要的作用。比如，第十九届中共中央政治局第三十一次集体学习，就选择在北大红楼和中南海丰泽园进行。通过参观毛泽东生前的办公室、会议室和书房以及观看生活短片，集体学习的参与者上了一堂生动鲜活的党史课。再比如，第十八届中共中央政治局第九次集体学习以创新为议题，在中关村现场进行。政治局委员们听取了中关村负责人等作的报告，对创新驱动发展战略进行了交流和研讨。观看专题纪录片也是集体学习采用的有效形式，可以在短时间内提供较为鲜活的信息，增强学习的趣味性。比如，第十八届中共中央政治局第三十九次集体学习聚焦我国脱贫攻坚的形势，会前就首先播放了脱贫攻坚相关的专题纪录片；以绿色发展为主题的第四十一次集体学习也在会议开始播放了保护生态环境的专题片；第十九届中共中央政治局第八次集体学习以乡村振兴战略为主题，也播放了专题片，随后由相关部门负责人结合自身工作发言和研讨。各级党委（党组）要大胆创新，根据本单位实际情况选择合适的教学方式，提升学习交流的成效。

案例：国家税务总局常德市税务局探索“八式学习法”

近年来，国家税务总局常德市税务局党委始终以深入学习习近平总书记系列重要讲话和重要指示批示精神为“第一主题”，认真学习宣传贯彻党的二十大精神，探索“八式学习法”，打造党委理论学习中心组学习“四类课堂”，扎实落实市局党委对中心组学习的主体责任与领导责任，不断提升全市系统党委中心组学习质量，切实把学习成果转化为高质量推进新发展阶段税收现代化的强大动力。一是“沉浸式”+“专家式”学习法，在“政治课堂”学出忠诚信仰。制订年度学习计划，坚持以政治学习为主，把现场党课、故事党课、视听党课等搬到中心组学习课堂上来，着力提升党委委员政治素质、政治能力，以关键少数带动绝大多数。二是“对标式”+“开放式”学习法，在“榜样课堂”悟出使命担当。着力强化学习感染力，定期邀请道德模范、身边榜样、先进典型现场讲课，营造学习先进、崇尚先进、力争先进的浓厚氛围，为干事创业凝聚强大正能量。三是“调研式”+“联动式”学习法，在“基层课堂”研出务实作风。积极探索中心组“互学、互鉴、互动”新机制，推进集中研讨与现场调研有机结合，俯下身子学，用心实地看，实现“理论学习、基层调研、示范引领”一体贯通。四是“诊断式”+“发散式”学习法，在“交流课堂”练出本领素养。坚持问题导向，聚焦税收改革发展的深层次问题、纳税人缴费人急难愁盼问题、党的建设面临的突出问题，以党的先进理论为指引，凝聚集体的智慧，不断提出真正解决问题的新理念新思路新办法。

倡导开展跨部门、跨地区、跨系统、跨层级主题联学、上下联学、共建联学，共享学习资源，共同提升学习质量和效果。在学习资源的使用方面，要善于统筹安排，避免碎片化和分散化。要学会运用多方面的资源共同开展学习，这样不仅有利于节约学习的时间，也有助于组织间的交流和借鉴。要结合工作实际，善于选择与业务关联度比较高的单位，共同开展相关学习活动。例如，2023 年 3 月，国资委党委就以视频会议的方式召开了国资委党委和中央企业党委（党组）理论中心组的联学会，邀请全国人大常委会委员、中国法学会副会长徐显明围绕习近平法治思想作专题讲座，要求国资央企不断强化法治意识、法治理念、法治思维。再比如，2023 年 10 月，中国科技馆党委与国家卫健委规划发展与信息化司党支部、中国疾控中心党委开展联学联建活动，共同研讨习近平总书记关于卫生健康工作的重要论述，共同开拓健康科普思路、助力健康中国建设。

案例：山西省大同市的联组共学行动

山西省大同市推动联组共学，深入开展“以学奋晋　联组共学”行动。大同市委聚焦实践中遇到的新问题、本地区本部门本系统改革发展稳定存在的深层次问题、人民群众急难愁盼问题、党的建设面临的突出问题，倡导开展跨部门、跨地区、跨系统、跨层级主题联学、上下联学。一些县区的联组共学行动有特色有亮点，成效明显。新荣区将中心组集中学习会扩大到乡镇一级，吸纳各乡镇主要负责同志参与，深入基层与乡镇党委理论学习中心组联组共学，通过实地调研、现场观摩、座谈讨论等形式，找准制约基层发展的关键因素，抓住基层存在的突出问题，进行交流研讨，共商解决方法，提高了学习的实效性。在主题教育期间，新荣区人大党组和政协党组，围绕树立和践行正确政绩观这一主题，共同组织了联组共学。天镇县委中心组就巩固拓展脱贫攻坚成果同乡村振兴有效衔接问题整改工作，与 11 个乡镇党委中心组进行了联组共学，并实地调研各村乡村振兴产业项目，提出整改意见，研究下一步具体举措。阳高县委宣传部、县新闻中心、县融媒体中心开展联组共学，学习习近平总书记对宣传思想文化工作作出的重要指示精神以及全国宣传思想文化工作会议精神，各中心组成员谈认识、谈体会、谈思路、谈举措，共谋宣传思想文化工作高质量发展之策。

第六章

完善党委中心组学习的组织管理

在党委理论中心组的学习体系中，构建和执行一个严密的管理机制是提高学习效率和实效性的关键。党委理论学习中心组从学习过程的管理入手，确保每一个学习活动都有明确的目标和计划，以及与之匹配的时间表和资源配置。实施以成果为导向的机制，设立明确的评估标准，通过成果转化、跟踪等方式，促进中心组将理论知识转化为实际能力。优化旁听列席机制，邀请经验丰富的专家进行点评，或是安排中心组参与高水平的研讨和案例分析，从而实现知识的深度融合和高效转化。通过这三个层面的严格管理和优化，可以极大提升整个学习系统的有效性和产出，确保学习投入能够转化为实际的工作和生活技能。

第一节　以学习过程为抓手，严格组织管理机制

党委理论学习中心组严格组织管理机制，这不仅是对党内理论学习的重视，更是对党的事业发展的高度负责和严谨态度的体现。在学习过程中，党委理论学习中心组扮演着引领、组织、监督的重要角色，其严格的组织管理机制不仅促进了理论学习的深入开展，也为党的事业发展提供了坚实的理论支撑和组织保障。

一、完善理论学习中心组学习计划和档案管理

学习计划的制订和报送是确保学习过程有序进行的重要环节，学习档案的审核和管理是对学习过程的全面监督和评估，它们是学习过程中不可或缺的两个重要环节，相辅相成，共同保障学习活动的有效性和实效性。通过严格的管理和监督，可以确保中心组成员按时、按质完成学习任务，达到预期的学习目标和效果。

（一）学习计划的制订和报送

制订学习计划是学习管理的主要内容，学习计划为学习活动提供了清晰的框架和有序的指导，明确学习目标和期望，更有针对性地选择学习内容、方法和资源，避免盲目和无效的学习。在制订党委中心组学习计划时，特别是对于党和国家机关、企事业单位等，需要细致考虑如何将学习计划与党组织的政治思想要求、实际工作需求和解决实际问题相结合。此外，制订学习计划也为学习管理提供了评估和监控的基础，通过对学习计划的执行情况进行跟踪和分析，可以及时发现问题、调整策略。同时，制订学习计划还能有效管理学习时间，合理分配资源，确保学习活动与其他工作和生活任务协调一致。《学习规则》第十一条规定："党委（党组）理论学习中心组每年年初按照党中央和上级党组织部署，结合工作实际，制订年度学习计划。年度学习计划由本级党委（党组）审定后施行，并报送上级党委宣传部、组织部或者有关党的机关工作委员会备案。"因此，如何制订科学合理的学习计划是理论中心组进行学习管理的核心内容和关键环节。

一是聚焦政治学习定位，突出理论学习底色，落实党中央和上级党组织的重点学习内容。学习计划的制订首先要确保与党中央和上级党组织的重点学习内容保持一致，强化政治理论学习的重要性。习近平总书记强调："理论学习有收获，重点是教育引导广大党员干部在原有学习的基础上取得新进步，加深对新时代中国特色社会主义思想和党中央大政方针的理解，学深悟透、融会贯通，增强贯彻落实的自觉性和坚定性，提高运用党的创新理论指导实践、推动工作的能力。”这要求学习计划不仅要包含马克思主义的政治理论、政策方针，还要深入学习党的历史、路线、方针，确保全体理论学习中心组成员对党的基本理论、基本路线、基本方略有深刻理解。要求党委（党组）理论学习中心组把学习贯彻习近平新时代中国特色社会主义思想作为首要任务，引导各级领导干部读原著、学原文、悟原理，深刻领会其核心要义、精神实质、丰富内涵、实践要求，深入把握贯穿其中的立场观点方法，确保理论学习做到与时俱进、开拓创新，得到贯彻实施、示范带动。

二是树立问题导向，力戒学习工作“两张皮”。党委（党组）理论学习中心组必须结合本单位的实际工作情况识别关键学习主题和领域，找准学习内容与实际工作的结合点。2015年1月23日在第十八届中共中央政治局第二十次集体学习时，习近平总书记指出：“问题是事物矛盾的表现形式，我们强调增强问题意识、坚持问题导向，就是承认矛盾的普遍性、客观性，就是要善于把认识和化解矛盾作为打开工作局面的突破口。”认真学习贯彻习近平总书记最新重要讲话、重要指示精神，结合本地区本部门实际抓好落实，扎实推动理论学习往深里走、往实里走、往心里走。制订学习计划时，要深入了解本单位存在的问题和矛盾，有针对性地选择学习内容，识别工作中的关键问题和挑战，选择与工作密切相关的学习内容，解决当前工作中的瓶颈和困难。学习计划要围绕解决工作中的实际问题来选择学习内容，特别是那些能够帮助组织突破发展瓶颈、解决长期难题的知识和技能。这要求学习计划不仅仅是理论上的学习，更要注重实践能力的提升和问题解决能力的培养。可以通过调研、座谈等形式，广泛听取基层党组织和广大党员的意见和建议，找出工作中的痛点、难点、堵点问题，制订针对性的学习计划，确保学习内容与工作实际紧密结合，提高服务群众、推动工作的效率和质量。

三是切忌粗略表面文章、空虚不实。党委（党组）理论学习中心组的管理核心在于确保学习计划的精准性和实效性。党委（党组）理论学习中心组应强化学习计划的制订与实施，确保其符合政治要求并解决实际问题。中心组应制订具有明确、可执行和可衡量特点的学习计划，学习计划必须与党组织的政治要求和党员的发展目标一致。为确保学习计划的有效性，应建立明确的评估标准和指标体系，覆盖学习过程中的参与度、学习成果和能力提升等关键方面，以便对学习效果进行客观评价。通过精心设计的学习内容和高质量的教学支持，旨在提升组织和个人的政治素质，增强工作能力，实现党组织和党员的持续发展。

（二）学习档案的审核和管理

管理学习档案对提升党委理论中心组学习质量具有重要意义，它不仅能评估学习效果，更是提高学习质量的关键工具。学习档案作为知识管理的重要组成部分，对于提升党委中心组的学习效率和质量，实现组织目标与个人成长的有机结合，发挥着不可或缺的作用。《学习规则》第十五条规定："党委（党组）理论学习中心组每年年底向上级党委宣传部、组织部报送学习情况。各级机关党组织理论学习中心组每年年底向机关工委报送学习情况，金融管理部门和国有企事业单位党组织理论学习中心组每年年底分别向金融工委、教育工委国资委党委等报送学习情况。党委宣传部、组织部每年通报下级党委（党组）理论学习中心组学习情况。机关工委、金融工委、教育工委国资委党委等每年通报同级机关、金融管理部门和国有企事业单位党组织理论学习中心组学习情况，并将通报情况报送同级党委宣传部组织部。"[①] 健全理论学习中心组学习档案的审核和管理机制，对学习过程中产生的各类档案，主要包括学习考勤、学习资料、自学安排、研讨过程、专题调研等内容，进行

① 《中国共产党党委（党组）理论学习中心组学习规则》，中国法制出版社 2024 年版。

严格政治把关。

严格审核程序，履行三级把关。严格履行对学习档案的三级审核把关程序是确保学习档案管理工作的规范性、科学性和有效性的重要措施。通过严格履行三级审核把关程序，可以有效确保学习政治正确、严肃规范、有序有效，不仅可以提升学习档案管理工作的质量和水平，还可以推动学习过程的深入开展，为理论学习中心组提供更加优质的学习服务和支持。

在初审阶段，由邀请单位或部门进行审核。这些单位或部门通常对于所涉及的专题有一定的了解和背景知识，能够初步判断学习档案内容是否符合学习要求和政治正确。初审的重点在于对报告的基本内容、论据的合理性以及表达的清晰度进行评估。初审的结果为后续复审奠定了基础，同时也为后续工作提供了改进的建议和意见。

在复审阶段，由中心组学习服务部门进行审核。这些部门通常具有较为丰富的学习管理经验和专业知识，能够深入分析和评估学习档案的内容。复审的重点在于对报告的深度和广度进行评估，同时还需要审查报告中存在的问题和不足之处。复审的结果为最终终审提供了重要的参考依据，确保了学习过程的严肃性和规范性。

在终审阶段，由党委（党组）主要负责同志进行审核。这些负责同志通常拥有较高的管理权力和决策权限，能够对学习档案中所体现的学习效果和政治意义进行最终评价和确认。终审的重点在于对档案的整体质量和学习效果进行全面评估，同时也需要考虑学习档案管理工作对实际工作的推动作用，直接影响着学习过程的成果和效果，确保了学习工作的有序性和有效性。

学习档案管理主要包括学习考勤、学习笔记、自学安排、研讨过程、专题调研等内容的管理。记录理论学习中心组成员的学习出勤情况和资料利用率，包括签到记录、学习时长、参考书籍等，能够反映理论学习中心组成员的学习态度和参与度，为评价学习效果提供数据支持。记录理论学习中心组成员的学习计划、学习目标、时间安排等，能够帮助理论学习中心组成员更好地组织学习时间，深入理解学习内容，培养分析和解决问题的能力，提高学习效率。帮助党委中心组明确学习成果与不足，促进成员间的知识共享与讨论，从而优化学习策略，确保学习任务的顺利完成。而且，有效管理学习档案还能加强学习资源的配置与利用，如合理安排参考资料和专家讲座等，使学习活动更具针对性和系统性。更重要的是，良好的学习档案管理能够培养出积极的学习文化，形成学习型政党，不断激发中心组成员的学习动力与创新思维。

此外，应利用云存储、数据库等技术建立学习档案的数字化管理平台，利用人工智能和大数据技术进行学习档案的智能识别、分类和推送，实现学习档案的电子化存储和管理。开发移动端应用，支持理论学习中心组成员在线提交、审核和查询学习档案，不仅能够提高档案管理的效率和精度，减轻管理人员的工作负担，还能够提高学习档案管理的便捷性和实时性，满足理论学习中心组成员和审核管理人员的不同需求。

二、明确理论学习中心组学习的责任分工

明确理论学习中心组学习的责任分工至关重要，其意义主要体现在三个方面。首先，责任分工能够确保学习活动的高效性和系统性。通过明确各自的职责和任务，可以让每个中心组成员都有针对性地准备和参与，从而提升整体学习的效率和质量。其次，合理的责任分工有助于提升组织协作精神，每个中心组成员在明确自己职责的同时，也会更加重视团队合作，促进学习中心组成员间的相互支持与协作。再次，责任分工有利于监督和评估学习效果。当各项任务和责任被具体化、个人化时，就更容易对学习成效进行量化和评估，进而持续优化学习策略和提升学习成果。总的来说，明确责任分工是推动理论学习中心组效能最大化的重要机制，它不仅优化了学习流程，还加强了团队内部的动力结构，使得理论学习更加深入和持久。

（一）主体责任和领导责任

新修订的《学习规则》对中心组成员的职责分工和学习秘书人选等方面的规定要求进行了修改完善，进一步明确中心组学习组织领导的责任分工对党委（党组）书记主要职责作出了具体规定。《学习规则》第七条明确："各级党委（党组）对本级理论学习中心组学习负主体责任，对本地区本部门本单位的理论学习中心组学习负领导责任。"《学习意见》指出："推动各级党委（党组）切实负起抓党委中心组学习的主体责任，经常研究学习情况，及时解决突出问题，抓好督促落实。"明确党委理论学习中心组学习的责任分工，不仅能够提高学习效率和效果，而且对于全面加强党的领导、推动党的理论和实践创新、构建学习型政党具有重要意义。

第一，履行主体责任的具体表现。党委（党组）对本级理论学习中心组学习负有主体责任。习近平总书记指出："落实主体责任，关键是要把党的领导落到实处。各级党组织要牢固树立不管党治党就是严重失职的观念，在工作的方方面面体现党的领导。"党委（党组）作为党的领导核心，应当明确自己在理论学习中心组活动中的主体地位和职责。其具体责任大致包含：一是确定学习内容。党委（党组）应当根据党的路线、方针、政策和工作实际，确定本级理论学习中心组学习的内容，确保学习紧密结合党和国家工作大局，有针对性和实效性。二是组织学习活动。党委（党组）要组织召开理论学习中心组会议，制订学习计划和安排，组织党员干部参与学习活动，推动学习成果转化为实际行动和工作成果。三是加强学习管理。党委（党组）要加强对理论学习中心组学习活动的管理和监督，确保学习活动的质量和效果，及时发现和解决学习中存在的问题和困难。四是充实学习资源。党委（党组）要提供必要的学习资源和条件，包括学习资料、场所、设施等，保障学习活动的顺利开展。

第二，履行领导责任的具体表现。对本地区本部门本单位的理论学习中心组学习负有领导责任。这意味着各级党委（党组）在领导层面要对所辖地区、部门、单位的理论学习工作负起领导责任。其具体责任大致包含：一是指导协调。各级党委（党组）要指导、协调所属地区、部门、单位建立健全理论学习中心组，加强学习组织和活动管理，确保学习工作有序进行。二是检查考核。各级党委（党组）要建立健全学习工作考核机制，定期对所属地区、部门、单位的理论学习工作进行检查考核，发现问题及时纠正。三是支持保障。各级党委（党组）要为地区、部门、单位的理论学习提供必要的支持和保障，包括资金、人力、物资等方面的支持，确保学习活动的顺利开展和取得实效。

（二）第一责任人和直接责任人

在理论学习中心组中设置第一责任人和直接责任人机制具有重要价值。第一责任人通常是高级领导，其确保了理论学习的重要性和严肃性得到充分体现，同时也体现了中国共产党对理论学习的重视和推动，能够有效提升组织内部的学习氛围和质量。而直接责任人则是具体学习活动的组织者和执行者，负责制订学习计划、组织学习活动、监督学习效果，确保理论学习内容的深入贯彻和实施。这种责任分工不仅明确了各自的职责和角色，促进了理论学习的系统化和规范化，还能有效激励每个中心组成员的主动性和积极性，从而加强理论武装，提高党组织的整体素质和执行力。

《学习规则》第七条规定："党委（党组）书记是理论学习中心组学习第一责任人，主要职责是确定学习内容、审定学习方案、主持学习活动、明确学习要求，抓好学习任务落实，指导和督促党委（党组）其他成员的学习。书记不能参加学习时，由书记委托党委（党组）副书记或其他成员代行职责。党委（党组）负责宣传思想文化工作的成员是理论学习中心组学习直接责任人，主要职责是配合党委（党组）书记做好学习的组织、管理等工作。党委（党组）其他成员应当自觉遵守理论学习中心组学习制度，按照学习安排或者受委派承担相应职责。”[①]《学习意见》指出：“党委（党组）书记作为党委中心组学习第一责任人，带头学习、作出表率，切实负起提高学习质量、增强学习实效的领导职责。党委（党组）负责宣传思想文化工作的理论学习中心组成员，认真履行直接责任人职责，协助党委（党组）书记做好学习的组织、管理等工作。党委（党组）其他理论学习中心组成员抓好自身学习，发挥示范带动作用。”在党委（党组）理论学习中心组中，将学习工作责任明确分为第一责任人和直接责任人，有助于更好地组织和推进理论学习活动，以确保党员干部理论水平的提高和党的事业的顺利推进。

党委（党组）书记是理论学习中心组学习的第一责任人，党委（党组）书记作为本级党组织的领导核心，承担着本级党委（党组）的最高领导责任。在理论学习中心组学习中，党委（党组）书记应当主持召开学习会议，确定学习的内容、形式和方法，引领全体党员干部深入学习贯彻党的理论方针政策。党委（党组）书记应当亲自参与学习活动，以身作则，发挥表率作用，引导全体党员干部认真学习，自觉加强党性修养和政治觉悟。党委（党组）书记还应当组织相关部门和单位，加强理论学习中心组建设，确保学习活动的开展与落实。

---

① 《中国共产党党委（党组）理论学习中心组学习规则》，中国法制出版社 2024 年版。

党委（党组）负责宣传思想工作的理论学习中心组成员是理论学习中心组学习的直接责任人，其在理论学习中心组中担负着组织学习工作的直接责任。应当按照党委（党组）的决策安排，组织具体的学习活动，确保学习任务的落实。对学习活动进行指导和督促，协助党委（党组）书记做好学习内容的选取和学习方法的指导，确保学习工作的顺利进行。加强对学习活动的监督和检查，及时发现问题，提出改进措施，确保学习工作的质量和效果。因此，通过明确党委（党组）书记和负责宣传思想工作的理论学习中心组成员在理论学习中心组中的责任角色，对于更好地发挥他们的领导作用和组织能力，推动理论学习活动的深入开展，为党的事业发展提供坚实的理论保障和思想引领，具有重要意义。

三、推动中心组学习纳入重要议程和工作责任体系

《学习规则》第二条规定："各级党委（党组）应当把理论学习中心组学习列入重要议事日程，纳入党建工作责任制，纳入意识形态工作责任制，纳入巡视巡察内容。"将理论学习列入重要议事日程，可以在党内会议中突出其重要性，彰显党组织对理论学习的高度重视，提醒党员干部始终保持理论学习的紧迫感和重要性认识，使其将学习作为一项重要工作来对待。

（一）中心组学习列入重要议事日程的重要性

一是加强党的思想理论建设。党的理论是党的思想指导和行动指南，是全党必须始终坚持的根本指针。把理论学习中心组学习列入重要议事日程，有助于全面加强党的思想理论建设，推动全党党员干部不断增强马克思主义理论素养，提高政治站位，增强党性修养，增强党的思想引领能力和组织领导能力；有助于形成党组织集体学习的常态化机制，使党的路线方针政策和决策部署真正落实到每个党员干部的思想和行动中去，进一步提升党组织的执行力和凝聚力，推动党的各项工作取得实效。

二是深入学习习近平新时代中国特色社会主义思想。习近平新时代中国特色社会主义思想是党的指导思想，是马克思主义中国化最新理论成果，是全党全国人民的共同思想基础。将理论学习中心组学习列入重要议事日程，有助于各级党组织深入学习领会习近平新时代中国特色社会主义思想，不断增强“四个意识”，坚定“四个自信”，做到“两个维护”，推动全党全国各族人民在思想上政治上行动上同党中央保持高度一致。

三是推动全面从严治党向纵深发展。把理论学习中心组学习列入重要议事日程，有利于带动党组织和党员干部不断加强党性修养，不断增强党的自我净化、自我完善、自我革新、自我提高能力，不断提高党的建设科学化水平和治理能力水平。有利于党内民主的发扬，通过集体学习、集体讨论，充分调动广大党员干部的积极性、主动性、创造性，形成党内民主决策、集体领导的良好局面，促进党的事业不断向前发展。

（二）中心组学习纳入党建工作责任制的重要性

在2018年7月3日至4日召开的全国组织工作会议上，习近平总书记强调："各级党委（党组）要加强对党的建设的领导，扛起主责、抓好主业、当好主角，把每条战线、每个领域、每个环节的党建工作抓具体、抓深入。"将理论学习中心组学习纳入党建工作责任制，既是全面提高机关党建质量的关键所在，又是提高党组织治理能力、推进各项事业发展的内在要求。在2019年7月9日召开的中央和国家机关党的建设工作会议上，习近平总书记深刻总结了党的十八大以来中央和国家机关党的建设六条重要经验，其中一条就是要落实党建责任制。他指出："只有全面落实党建责任制，坚持党组（党委）班子带头、以上率下、以机关带系统，机关党建工作才能形成强大合力。"习近平总书记多次用"牛鼻子"来形象比喻推动落实党建责任制的重大意义，多次强调："加强和改进中央和国家机关党的建设，必须牵住责任制这个'牛鼻子'。现在，有的部门党建工作沙滩流水不到头，主要是责任没落实到位、搞‘高空作业’。”

理论学习中心组学习是深入贯彻党的路线方针政策、解决实际问题的有效途径。将理论学习纳入党建工作责任制，可以确保党员干部定期参加集中学习，不断提高政治理论水平，增强党性觉悟，坚定理想信念，增强党性修养，有利于加强对党员干部的组织管理。通过组织安排、考核考评等手段，督促党员干部按时参加学习，可以确保学习质量和效果，进一步巩固党组织的凝聚力和战斗力。理论学习中心组学习也是不断推动党建工作创新发展的重要途径。各级党委（党组）将其纳入党建责任制，可以促使党员干部深入学习党的创新理论和实践经验，不断提升工作水平，推动党建工作不断向纵深发展。通过理论学习中心组学习，可以增强党员干部的思想认同和组织归属感，增强党的凝聚力；同时，可以提高党员干部的理论水平和工作能力，增强党组织的战斗力，更好地应对各种风险挑战和复杂局面。

（三）中心组学习纳入意识形态工作责任制的重要性

习近平总书记强调，“意识形态工作是党的一项极端重要的工作”。做好意识形态管理工作，关键在党，关键在党委（党组）。党中央出台的《党委（党组）意识形态工作责任制实施办法》，第一次以党内法规形式，对党委（党组）意识形态工作责任制作了总体安排与制度规定，厘清了意识形态工作的底线、红线，明确了各个层次各个方面的责任要求。

将理论学习纳入意识形态工作责任制，可以确保党的意识形态在各级党委（党组）领导的各项工作中始终占据核心地位。只有不断加强理论武装，党的意识形态才能在政治、经济、文化等各个领域中发挥引领和统领作用。理论学习是加强党员干部党性修养、增强党性意识和党员的思想理论武装的有效途径。通过理论学习中心组学习，可以加强党性修养和思想理论武装，让党员干部不断深化对党的理论、路线、方针政策的理解，坚定理想信念，增强党性修养，提高政治素质。理论学习中心组学习也是推动党的创新理论贯彻到实践、落地生根的关键环节。通过集体学习，可以更好地将党的创新理论转化为具体工作的指导思想和行动纲领，推动党的创新理论在各项工作中得以贯彻落实。在当前信息高度发达、外部干扰因素增多的背景下，理论学习中心组学习是提升干部队伍整体素质的重要手段。通过集中学习，可以促进干部间的思想碰撞和交流，增强团结协作意识，提升整体工作水平和能力。加强理论学习有助于增强党员干部抵御外部不良影响的能力，坚定理想信念，保持政治定力，确保党的意识形态不受干扰，始终保持纯洁性和先进性。

案例：天津市红桥区坚持“四抓四效”从党的创新理论中汲取高质量发展动力

2023年以来，红桥区委理论学习中心组采取交流研讨、辅导讲座、读书班等形式开展学习19次，通过抓“总”“活”“常”“实”这四个关键字，突出学习主线，创新学习形式，强化督促指导，坚持学以致用。红桥区发挥头雁效应，党委（党组）统筹部署、以上率下，全区各党委（党组）理论学习中心组积极跟进，开展各种形式的学习1000余次，在深学细悟中不断增进政治认同、思想认同、理论认同、情感认同，有力推动了党的创新理论在红桥区落地生根。

红桥区坚持严格组织管理，创新多种学习方式方法。一是注重研讨式学习，举办各类专题读书班，开展专题研讨。二是注重辅导式学习，先后邀请天津市委党校、天津大学、天津市发展改革委等机构权威和知名专家为区处两级中心组作专题辅导讲座5场。三是注重体验式学习，红桥区梳理13处红色资源，形成红色研学参考点位。四是注重调研式学习，扑下身子深入社区、企业、学校、“两新”组织等基层单位开展调查研究，形成数百篇调研报告。

红桥区坚持抓督导检查，把中心组学习纳入党建工作责任制和意识形态工作责任制，结合区委巡察意识形态专项检查、区委意识形态工作责任制落实情况专项督查，先后对区政务服务办、区卫生健康委、区审计局、芥园街道等13家处级单位及其下属单位、社区开展专项检查，对全区9条街道等20个重点单位开展实地督查，指出存在问题，推广典型经验做法，推动中心组学习从“有形开展”到“有效开展”，在学思践悟、融会贯通上取得更大更好成效。

第二节　以学习成果为导向，落实成果转化机制

提升党委中心组的学习质量，需要以形成优秀的学习成果为导向，落实成果转化机制，激发党委中心组成员的学习兴趣和学习热情，形成比、学、赶、帮、超的良好氛围，从而提高学习的积极性和主动性，增强学习的针对性和实效性。《意见》中指出：“聚焦学习成果转化质量，建立健全有效工作机制，努力把党委中心组学习成效转化为推动工作的具体行动。对党委中心组学习中形成的重要成果，相关工作部门要抓好转化运用，及时进行总结梳理，党委宣传部采取适当方式开展宣传推介，形成学干结合、以学促干的良好局面。”

一、建立学习成果分享平台

集体学习不是成员学习成果的简单相加，集体学习必须由所有成员共同参与、共同完成，是集体成员互相配合、实现目标的过程。集体学习的深层意义在于通过成员之间的互动与合作，达到知识的整合与创新，从而实现团队能力的整体提升。在党委理论中心组中建立学习成果分享平台，可以促进这种深度的集体学习。

平台提供的互动环境不仅让党员能够分享自己的学习心得和专业知识，更重要的是能够通过讨论和反思，使得个体学习成果转化为中心组的集体智慧。这种从个体到集体的智慧转化，极大地促进了理论知识与实际工作的融合，提升了决策的科学性和实效性，更是强化了党组织的凝聚力和战斗力，为实现党的使命和目标提供了坚实的理论和实践基础。

（一）什么是优秀的学习成果

优秀的学习成果是一个多维度的概念，它不仅体现在知识和技能的获取上，更重要的是体现在团队合作、创新能力、目标实现，以及自我反思和持续改进的能力上。这些成果的实现，有赖于党委（党组）理论学习中心组成员之间的紧密合作、共同参与和不断探索。

一是对于所学理论的深入理解和准确把握，能够理解其核心概念、基本原理和内在逻辑，能够将其贯穿于实际工作中。二是理论学习成果应当构建起系统完整的知识结构，能够将各种理论知识相互联系、相互补充，形成自己的理论体系。三是形成良好的表达和沟通能力，理论学习成果应当能够通过清晰明了的表达和沟通，将所学理论传递给他人，促进理论的宣传和推介。四是协作与沟通能力的提升，在团队学习的过程中，成员间的有效沟通和协作是关键。优秀的学习成果表现为成员间建立了高效的沟通机制和协作模式，能够在遇到问题时迅速响应、有效解决。五是具有创新性和独立思考能力，能够对传统理论进行批判性思考，发现其中的不足和局限性，并提出新的思考和观点，为理论的发展和完善作出贡献。六是能够将学习的理论知识与实际工作相结合，指导和推动实践工作的开展，解决实际问题，实现实践的科学化、规范化、有效性。

（二）建立学习成果分享平台的意义

建立一个理论学习成果分享平台可以促进理论学习与交流，汇聚优秀成果，促进理论创新，提升理论水平，推动理论应用，建立理论学习交流网络。对党委（党组）理论学习中心组、党组织、广大党员而言，这样做既能够促进内部交流与学习，提升党员干部的理论素养和工作水平，又能够实现外部共享，提升党组织的社会影响力和理论资源共享能力，对于推动党的事业发展和实现党的宗旨具有重要的意义。

党委（党组）建立内部理论学习成果宣传推介平台可以促进党员干部之间的交流与学习。通过分享平台，不同岗位、不同层级的党员干部可以将自己的学习心得、工作体会、理论研究成果等进行分享，相互学习、相互借鉴，提高党员干部的理论素养和工作水平。内部分享平台可以帮助党员干部将学习到的理论知识与实际工作相结合。通过分享自己在工作中的实践经验和应用案例，可以帮助其他党员干部更好地理解和运用理论知识，提高工作的科学性和实效性。

党委（党组）建立外部理论学习成果分享平台可以帮助党组织更好地向外部传播党的理论和主张，提升党组织在社会上的影响力和凝聚力。通过分享党组织在理论学习和实践探索方面取得的成果和经验，可以加强与社会各界的沟通与交流，树立良好的形象。外部分享平台可以促进党组织与其他组织、单位之间的理论资源共享。通过与其他政党、学术机构、社会团体等建立合作关系，可以实现理论资源的互相借鉴和共同发展，促进各方面的理论研究和实践探索。

（三）建立学习成果分享平台的有效途径

突出思想性，确立平台定位。学习成果分享平台应该立足于党的理论和方针政策，平台内容应该涵盖党的基本理论、党史、国情国策等方面，有助于提升党员干部的政治理论水平。分享平台可以发布学习心得、理论研究成果、讨论会议纪要等内容，引导党员干部深入学习贯彻党的创新理论，加深思想认识和政治觉悟。

突出新闻性，及时更新资讯。分享平台应定期更新党建工作、重要会议、领导讲话等新闻资讯，保持信息的新鲜性和及时性，吸引党员干部关注。除了文字报道，还可以通过图片、视频等多种形式展示学习成果和党建活动，增加内容的吸引力和可读性。

突出综合性，强化交流互动。分享平台内容涵盖广泛，不仅应关注理论学习中心组学习成果，还应覆盖党建、经济、文化、科技、社会等各个领域的相关成果信息，实现全面传播党的路线方针政策。设置评论区、在线问答等互动功能，鼓励党员干部积极参与讨论，促进交流互动、共享经验。

突出服务性，便利学习渠道。分享平台应该提供丰富的学习资源，包括专题讲座、书籍资料、在线课程等，为党员干部提供便利的学习渠道。设置专家咨询、答疑板块，解答党员干部在学习实践中遇到的问题，提供专业的指导和帮助。

案例：杭州市余杭区编发《理论学习参考》口袋书本

在余杭区，构建学习成果分享平台的努力日益引人瞩目。近年来，余杭区制定出台了一系列中心组学习制度：如《中共杭州市余杭区党委（党组）理论学习中心组学习实施办法》、《中心组学习秘书会商机制》、中心组学习督查通报机制等；组建各级中心组学习秘书群，开展学习秘书培训班，指导帮助各级学习秘书做好中心组学习的组织指导服务保障工作。特别是每月编发的《理论学习参考》口袋书本，在推动理论学习的同时，也在区属媒体上开设理论专版，进一步扩大了学习成果的传播范围。

杭州市余杭区党委中心组每月编发的《理论学习参考》口袋书本，不仅包括各个层级的声音和专题学习内容，还涵盖专家观点、重点工作以及好书推荐等丰富内容。这种形式不仅丰富了学习内容，也增强了学习的趣味性和参与性。在全省党委（党组）理论学习中心组学习工作座谈会上，余杭区委理论学习中心组分享了先进经验。过去，中心组学习以请专家学者作报告为主，现在则更注重集体学习研讨，让中心组成员自己发言交流，更好地体现学习的深度和广度。

除了理论学习的形式创新，余杭区还通过深入一线调研和实践，建立了问题导向的学习闭环。例如，将学习课堂搬到企业、项目中进行现场办公，或者前往良渚遗址申遗工作实地考察，都是为了让学习更贴近实际，更具针对性。从上至下，余杭区的先进经验不仅在浙江全省范围内得到了借鉴，也在地方上得到了充分的实践和推广。

例如，中泰街道迈入高速发展的“南湖科学中心时代”，这得益于之江实验室和阿里达摩院等科研机构的引入。中泰街道充分利用党委理论学习中心组，在村社推行了一项试点工作，将理论学习与实际工作相结合，形成了一种新的学习闭环机制。通过这一机制，中泰街道开展了一系列理论学习活动，并通过走访、收集意见等方式解决了一些实际问题。五常街道作为城市化推进的先行区，在面对大量创新创业人才涌入时，也积极探索社区理论学习机制的建设，通过改进社区干部队伍和提升领导干部素质等举措，焕发了新的活力。永福社区通过学习理论知识，将学习成果转化为切实可行的政策和举措，探索出一套适合基层治理的新模式，解决了困扰多年的难题。

余杭区通过构建学习成果分享平台，不断创新学习形式，强化学习实践，促进了党建工作和基层治理的深入发展，为全区的经济社会发展提供了坚实的理论支撑和智力支持。

二、加强成果运用转化激励机制

在当今快速变化的社会环境中，理论与实践的紧密结合已成为党的事业成功的基石。党的理论是指导党的行动和实践的指南，而实践则是检验和发展党的理论的关键。党委理论学习中心组加强成果运用转化激励机制，既是党的事业发展的需要，又是推动理论创新和实践创新的关键举措。《学习规则》第十一条规定：大力弘扬理论联系实际的马克思主义学风，把自己摆进去、把职责摆进去、把工作摆进去，坚持以学铸魂、以学增智、以学正风、以学促干，做到学思用贯通、知信行统一，不断提高运用科学理论解决实际问题的能力，把学习成果转化为推动事业发展的实际成效。[①] 只有不断加强理论与实践的紧密结合，激发广大党员干部学以致用、用以促学、学用相长，才能提高党的凝聚力和战斗力，党才能够在新时代继续发挥其领导核心作用。

（一）理解成果运用转化的意义

一是指导实际工作的科学性和有效性。党委（党组）理论学习中心组的理论成果是在深入调研、分析和研究的基础上形

---

① 《中国共产党党委（党组）理论学习中心组学习规则》，中国法制出版社 2024 年版。

成的，可以使我们党的各项工作更加符合客观规律和实际需要，提高工作的科学性和有效性。二是推动改革创新和发展进步。党委（党组）理论学习中心组的理论成果涉及党的路线、方针、政策等重大问题，可以为各项改革创新提供理论指导和政策支持，推动党和国家事业不断向前发展。三是提高党员干部的理论素养和工作水平。党委（党组）理论学习中心组的理论成果是党的理论宝库，可以帮助党员干部更好地理解和运用党的理论，提高工作的能力和水平。四是提高党的执政能力和领导水平。党委（党组）理论学习中心组的理论成果是党的智慧结晶，可以为党的领导工作提供科学依据和理论支持，增强党的凝聚力和战斗力，有效提升党员干部的政治觉悟和组织纪律性，增强党的战斗堡垒作用和先进性。

（二）丰富成果运用转化的方式

学习成果转化为工作效能是一个系统性的过程，需要多方面的努力和方法。学习成果的转化不是简单的、零散的行为，而是一个系统性、有机整合的过程。单一的、片面的努力和方法往往难以达到预期的效果，成果转化过程涉及科学的理论研究机制、理论宣传和培训、相关政策和措施、人才培养和队伍建设等方面。

一是建立科学的理论研究机制，需要充分发挥党委（党组）理论学习中心组在理论研究方面的主导作用。建立健全的研究课题选择机制，建立专家评审和论证机制，建立多层次、多方面的理论研究团队，整合各方智慧，推动党的理论研究不断深入和创新。

二是加强理论宣传和培训。通过各种形式和渠道向广大党员干部和群众宣传党委（党组）理论学习中心组的理论成果。组织开展理论宣讲、座谈会、研讨会等活动，让党员干部深入了解理论成果的核心观点和主张。利用新媒体平台开展理论宣传，提高理论传播的覆盖面和影响力。组织开展理论培训班、讲座等活动，提升党员干部的理论水平和素养。

三是制定相关政策和措施，明确工作责任和工作流程。制定理论成果转化奖励和激励政策，建立理论成果转化项目申报和评审机制、理论成果转化跟踪评估机制等，鼓励和支持各级党组织将理论成果转化为实际工作效能，确保转化项目的科学性和可行性。

四是注重人才培养和队伍建设，需要充分发挥党委（党组）理论学习中心组的教育和培训作用，提高人员素质和团队能力。组织开展专业培训和学术交流活动、建立人才激励和评价机制，提升人员专业水平和综合能力，激发人员积极性和创造力；加强队伍建设，建立紧密、高效的团队合作机制，推动理论成果转化工作的顺利进行。

三、建立成果转化的跟踪机制

成果转化是中心组理论学习最重要的“后半篇文章”，完善研究成果转化跟踪机制，促使智力资源有效转化为创新资源和现实生产力，是我们党提升科学决策水平，推进治理体系和治理能力现代化的重要抓手。

一是通过建立成果转化的跟踪机制，可以及时发现理论成果转化过程中存在的问题和不足，为及时调整和改进提供数据支撑和参考。通过定期跟踪调查，可以及时了解学习成果的应用情况和转化效果，确保转化项目的目标和预期成效得到实现。

二是增强工作的透明度和公信力，向党员干部和社会公众展示转化效果的实现情况，提高工作的可信度和认可度。

三是为决策提供科学依据。通过跟踪转化过程中的各项指标和数据，可以及时掌握转化工作的进展情况和效果，为决策提供科学依据和数据支持，确保决策的科学性和准确性。

四是发现和总结转化过程中的成功经验和有效做法，形成经验积累，为今后的转化工作提供借鉴和参考。同时，也可以及时发现和解决转化过程中的问题和挑战，促进转化工作的持续改进和提升。

建立学习成果转化的跟踪机制需要系统谋划。首先，需要建立一个科学合理的评估指标体系，包括转化项目的目标、预期成效、关键指标等，以便进行跟踪评估。通过定期组织调查、问卷调查、实地走访等方式，及时了解学习成果的应用情况和转化效果，收集相关数据和信息。对收集到的数据和信息需要进行深入分析和评估，对转化效果进行客观、科学的评价，发现问题和不足。根据评估结果，及时发现问题并采取相应措施进行调整和改进，完善转化项目的实施方案，提高转化效能。建立持续监督和跟进机制，对转化项目的执行情况进行跟踪和监督，确保转化效果的持续改善和提升。

案例：河北省廊坊市做好“三篇文章”

廊坊市委坚持以习近平新时代中国特色社会主义思想为指导，把扎实开展党委中心组学习作为强化理论武装的重要抓手，通过做足“落实”“拓展”“转化”这“三篇文章”，不断完善学习制度、创新学习形式、推动学习成果应用，引领全市上下形成重视学习、崇尚学习、善于学习的浓厚氛围，为圆满完成全市经济社会各项目标任务提供坚强思想保证和强大精神动力。

一是在学习要素的“落实”上做文章。廊坊市委围绕学习贯彻习近平新时代中国特色社会主义思想，结合党委、政府中心工作，制定印发理论学习中心组全年学习计划，明确学习目标、学习重点、学习形式和学习要求。坚持每月围绕学习贯彻习近平总书记最新重要讲话精神和党中央决策部署组织开展学习活动，累计推荐学习专题56期，学习要点160余个，组织各类学习会议64次，中心组成员撰写高质量交流研讨报告200余篇，带动全市各级中心组开展学习活动32000余场。

二是在学习方式的“拓展”上做文章。从2014年开始，精心打造“廊坊大讲堂”理论学习平台，以中心组学习扩大会为主要形式，定期举办专题讲座，累计辅导1.2万余人次。以学习“大讲堂”推进理论“大众化”，积极深入推进理论宣讲“六进”活动，累计开展报告会或调研宣讲600余场，直接听众5万多人次。推动网络学习平台建设，打造云端课堂，初步形成了以“学习强国”学习平台、政务网站、微信公众号等为主要传播形式的理论学习新阵地。以“主题党日”和微党课为主要形式，定期组织市委中心组成员深入各自联系点和分管部门讲党课。同时，市委中心组积极依托“全国基层理论宣讲先进集体”廊坊市法治宣教中心，开展情景示范党课教学，借助实物、模型、雕塑、沙盘等载体，综合运用图文解说、实物讲解、VR演示等多种方式讲党课、上党课。自该中心投入使用以来，已累计有16.8万余名党员接受党性教育。

三是在学习成果的“转化”上做文章。廊坊市委理论学习中心组在学习中认真查找制约发展的突出问题，不断提高适应新时代、实现新目标、落实新部署的能力，在新发展阶段跑出廊坊高质量发展的“加速度”。着眼于把学习成果转化为利民惠民的具体行动，全市上下扎实开展“我为群众办实事”实践活动，市委中心组成员带头走基层、听民声，创新开展“执政为民、发展惠民”体验调研月活动，用心用情抓实抓好 20 项民生工程和 10 项民生实事，集中力量攻克了一批群众身边的急难愁盼问题。全市实施重点民生项目 149 项，累计实施民生微项目 1140 项，帮助解决群众微心愿 23.8 万余个；依托“群众说事 干部解题”工作机制，线上线下受理群众诉求 20.4 万余件，解题率 98%，满意率 97%；组织开展各类服务群众活动 9500 余次，出台为群众办实事长效制度规定 143 个。

第三节　以学习质量为牵引，抓好列席旁听机制

学习质量直接关系到理论学习的效果和实践应用的成果，列席旁听机制则是保证学习质量的至关重要的工作举措。通过严格的列席旁听机制，既能确保学习活动的严肃性、深入性和有效性，又能提高党员干部的理论水平和实践能力。《学习意见》指出：“建立健全列席旁听工作机制，加强对党委中心组

学习的督促指导。通过现场旁听、座谈调研、查阅资料等方式，深入了解党委中心组学习的组织实施、制度建设、实际效果等情况，并以适当形式反馈。党委宣传部会同组织部、讲师团等有关部门和机构，负责党委中心组学习列席旁听工作。有关党的工作委员会负责同级机关、企事业单位党委中心组学习列席旁听工作，并将有关情况报送同级党委宣传部、组织部。垂直管理部门的上级部门党委（党组）要加强对垂直管理部门党委中心组学习的督促指导。”要求党委（党组）严格落实理论学习中心组列席旁听工作，牢牢把控“事前、事中、事后”三环节，多措并举提高列席旁听质效，全力推进党委理论学习中心组学习走深走实。

一、学习程序的督促指导

（一）党委（党组）统筹指导学习程序

通过制度化规范化程序和完善的学习规则，党委（党组）有效地统筹指导理论学习工作，提高党员和干部的理论水平，增强党组织的凝聚力和战斗力，推动党的事业不断向前发展。

首先，统筹制订学习计划和确定学习内容。党委（党组）根据党的重大决策部署和工作需要，制订年度、季度或月度的理论学习计划，明确学习内容、形式、时间和参与人员。根据党的路线、方针和政策，确定学习内容，包括党的基本理论、重要讲话、重要文件等。整合各方资源，统一部署，包括人力、物力、信息等，确保学习活动的顺利开展。理论学习中心组学习涉及协调各部门、单位提供支持，以及充分利用现有的学习平台和资源等。

其次，统筹组织学习活动和明确职责分工。党委（党组）负责组织理论学习活动，可以采取集中学习、分组讨论、自学互动等形式，确保学习质量和效果。党委（党组）书记负责组织统筹理论学习工作，制订学习计划，统筹协调各项工作。党委组织部门负责具体组织实施，包括制定学习方案、宣传动员、组织参与等。党委宣传部门负责宣传推广学习内容，组织学习辅导材料的编写和发放。党委学习领导小组或者办公室负责日常协调、监督、评估学习工作的开展情况。相关部门和单位负责配合支持，提供学习资源和条件，协助组织学习活动。

再次，统筹审查总结。理论学习中心组要全面、系统地把握学习活动的整体进展和效果，确保各个环节的衔接和协调，达到统筹指导的目的。党委（党组）负责对各级党组织和干部的全方位、全过程的领导和监督，要及时对学习活动进行总结和评估，发现问题及时解决，推动理论学习工作持续深入开展。

（二）以列席旁听推进学习程序

党委（党组）必须全面地了解各级党组织和干部的工作情况，发现问题、提出建议，并及时进行指导和督促，从而更好地发挥统筹领导作用，推动党的事业不断向前发展。党委（党组）利用列席旁听发挥统筹领导作用，可以通过现场旁听、线上座谈和资料查阅等方式。

现场旁听。党委（党组）通过派出巡视组或代表团实地走访、旁听各级党组织和干部的工作会议、调研座谈等活动，以亲身经历了解基层党建工作的实际情况。现场旁听能够使党委（党组）领导深入了解基层党组织和干部的工作动态、存在的问题、所需的支持与帮助等，从而及时提出指导意见，解决问题，发挥统筹领导作用。

线上座谈。随着信息技术的发展，线上座谈成为一种便捷的交流方式。党委（党组）可以通过视频会议、网络直播等方式，与各级党组织和干部进行线上座谈，了解他们的工作情况、意见建议等。这种方式不受地域限制，能够更广泛地覆盖各个单位和个人，为党委（党组）提供更全面的信息基础，从而更好地发挥统筹领导作用。

资料查阅。党委（党组）可以通过查阅相关文件、数据等资料，了解各级党组织和干部的工作计划、执行情况、工作报告等。这种方式可以通过公文系统、电子档案等渠道进行，能够使党委（党组）对工作的开展情况进行全面了解，并及时对工作中存在的问题进行分析和解决，为下一步的工作提供有力支持。

案例：四川省泸州市积极探索“七步工作法”

自2016年探索实践中心组学习列席旁听工作以来，泸州市累计开展中心组学习列席旁听2500余场次，中心组学习组织工作连续7年获评全省先进。探索实施“审、谈、查、听、评、考、督”七步工作法，推动中心组学习列席旁听工作实现“全过程”管理。

“审”即会前审核，重点审核学习内容是否坚持以政治学习为根本，议程安排是否符合规范要求，发言材料是否突出理论底色，提前把好政治关、内容关、导向关。“谈”即调研访谈，通过现场调研，重点与中心组成员和中心组学习秘书开展谈话交流，深入了解被旁听对象学习计划制订、学习方案审核、集体学习组织、学习服务保障、学习成果转化等方面的情况和问题，听取意见建议。“查”即查阅资料，对照《全市党委（党组）理论学习中心组学习测评细则》6个测评项目共34项测评内容，逐项查看被旁听对象中心组学习档案资料。“听”

即现场旁听，重点听学习主题是否聚焦、学习研讨是否深入、学习总结是否准确。“评”即测评点评，列席旁听工作组现场填写测评表，组长针对学习情况进行现场点评，及时发现经验做法，精准反馈存在问题，提出工作建议和整改要求。“考”即理论考试，随机抽题、闭卷测试，重点考核中心组成员学习党的创新理论和重大决策部署情况。“督”即督促整改，跟进反馈问题整改情况，确保所有问题整改到位。

四川省泸州市积极探索加强党委（党组）理论学习中心组学习列席旁听工作，在顶层设计、队伍建设、组织实施上务实功、出实招、求实效，以市委理论学习中心组学习为龙头引领，强化对全市各级党委（党组）理论学习中心组学习督促指导，不断促进中心组学习质效提升，有力推动用党的创新理论武装头脑、指导实践、推动工作。

二、学习工作的复盘反馈

（一）建立学习复盘反馈机制的重要性

常复盘，方能常精进。提升党委中心组的学习质量，需要深入剖析学习工作过程中存在的问题和不足，为党员干部提供及时改进的机会。建立复盘反馈机制是指，在学习活动结束后，及时收集列席者的意见和建议，并根据反馈情况进行学习方式和内容的改进。这种机制有助于及时发现学习中存在的问题，吸收各方面的意见和建议，提高学习的效果和质量。通过有针对性的反馈和调整，使学习不再停留于表面，而是真正地加深对理论的理解，提高学习的实效性和可持续性。

通过对学习成果的及时复盘和反馈，能够及时发现和表彰学习成绩突出的党员干部，激励他们的学习积极性和主动性。这种激励机制不仅可以激发个体的学习热情，更能够促进整个组织学习氛围的形成和提升，推动党员干部的全面发展。学习复盘反馈机制也为党员干部提供了一个交流和互动的平台，通过分享学习心得和体会，促进党员干部之间的交流与学习。这种交流互动不仅能够促进理论的深入交流与碰撞，更有助于凝聚共识、增进团结，形成集体智慧，为解决实际问题提供有力支撑。

学习复盘反馈机制通过不断总结学习经验、深化理解、积累知识，逐步提高党员干部的理论水平和思想境界。这种机制有助于党员干部不断完善自己的理论体系，提高理论思维和分析问题的能力，增强对党的路线方针政策的理解和把握能力。学习复盘反馈机制将学习与实际工作有机结合，将学到的知识和方法运用到实际工作中去，推动工作的创新和提升。这种机制有助于将理论与实践紧密联系起来，让学习成果得以有效转化为实际工作成果，实现理论联系实际的根本要求。

（二）建立复盘反馈机制的有效途径

建立复盘反馈机制的第一步是确保及时收集列席旁听者的意见和建议，通过问卷调查、专题意见箱、个别谈话等方式，向列席者征询对学习方式、内容、组织等方面的看法和建议。对收集到的意见和建议需要进行全面分析，了解列席者对学习活动的评价和反馈。这包括对学习方式的适应性、学习内容的实用性、学习环境的舒适度等方面的评价，以及对学习效果的感受和认知。

在分析反馈情况的基础上，针对复盘反馈机制制定具体的改进措施，这涉及调整学习方式和形式、优化学习内容和组织安排、改善学习环境和条件等方面的改进。改进措施制定后，需要及时向列席者反馈，并跟进实施情况，包括向列席者通报改进措施的具体内容和实施进度，听取他们对改进措施的反馈意见，并根据需要进行调整和完善。

建立专门的学习复盘反馈工作组能够有效地组织和协调学习活动的反馈工作。这个工作组可以由具有丰富理论素养和管理经验的成员组成，他们专注于监督、评估和反馈学习活动的各个环节。设立专门机构或工作组，可以提高反馈工作的专业性和有效性，确保反馈结果的准确性和实用性。

建立学习档案和数据库有助于系统地记录和整理学习活动的相关信息和反馈意见。档案和数据库可以包括学习活动的计划、实施情况、反馈意见、改进措施等内容，为学习复盘工作提供数据支持和参考依据。同时，通过学习档案和数据库的建立，可以实现学习过程的信息化管理和分析，提高反馈工作的科学性和有效性。

建立复盘反馈机制是一个持续改进的过程。在实施改进措施的过程中，需要不断总结经验、优化机制，以确保学习活动的持续改进和优化。定期开展学习复盘活动有助于全面、系统地总结学习过程，及时发现问题并提出改进措施。在学习活动结束后，组织学习总结会议或座谈会，邀请参与学习的党员干部共同回顾学习过程，深入交流学习体会和心得体会，共同探讨问题，并就下一步的学习工作进行规划和安排。

利用信息化技术，建立学习复盘反馈的电子平台或系统，能够实现学习过程的数据化管理和分析。通过信息化建设，可以提高反馈意见的收集、分析和处理效率，缩短反馈周期，及时发现问题并提出解决方案。同时，信息化建设还可以实现学习成果的共享和传播，促进学习资源的共建共享，进一步提高学习效果和实践成效。

三、学习案例的示范引领

在列席旁听机制下，总结优秀理论学习案例并形成示范引领作用，是提高学习效果和推动组织学习工作的重要举措。通过总结和分享优秀的理论学习案例，可以为党员干部提供具体、实用的学习参考，帮助他们更好地理解和掌握党的理论，提高学习的针对性和实效性。

首先，筛选并深入剖析优秀案例。在旁听过程中，党委可以根据学习效果、参与程度、实践应用等方面的情况，筛选出一些优秀的理论学习案例。这些案例中涵盖具有创新性、实用性和可操作性强的学习经验和做法。对筛选出的优秀案例进行深入剖析，探究其背后的原因和特点，包括分析案例的学习目标和内容、学习方式和方法、组织安排和环境等方面，以及学习者的反馈和评价等内容。

其次，总结经验和特点，形成示范材料。在剖析案例的基础上，总结案例的优秀经验和特点，这涉及学习方法的创新、组织形式的灵活、学习资源的充分利用、学习氛围的营造等方面的内容。将总结出的优秀案例整理成示范材料，包括文字资料、图片、视频等形式，以便于分享和传播。这些示范材料应该具有较高的可读性和可操作性，能够有效地传达优秀案例的核心内容和精神。

再次，推广示范作用，不断完善更新。党委可以通过各种途径，如党建网站、党员微信群、党组织会议等，发挥优秀案例的示范作用。可以邀请案例主要负责人进行经验分享，组织学习活动时引用案例进行指导，鼓励其他党组织借鉴和应用。示范引领作用的发挥是一个动态过程，需要不断更新和完善。党委应该及时收集反馈意见，对示范材料进行更新和补充，保持示范作用的持续性和活力。

案例：安徽省亳州市做好“三项加法”

近年来，安徽省亳州市坚持抓理论武装首先抓党的创新理论学习，做好“三项加法”，持续在深化制度建设、优化形式载体、强化服务保障上发力，不断提升全市各级党委（党组）理论学习中心组学习质效。

第一项，“完善制度＋日常督学＋考评通报”。亳州市坚持以制度建设为抓手，打好制度制定、贯彻执行、督导考核“组合拳”，制定出台《关于进一步提高党委（党组）理论学习中心组学习质量的若干举措》，编制《列席旁听工作手册》。每次列席旁听，均采取会前审看学习方案、查阅年度学习资料、全程列席学习会议、下沉一级座谈交流、组长现场点评反馈的“审、看、听、谈、评”五步工作法。2021—2023年，市委共列席旁听县处级党委中心组学习145次。

第二项，“调查研学＋上下联学＋案例教学”。亳州市坚持以集体学习研讨为主，近三年来市委中心组集体研讨平均比重达86%。先后开展“解剖麻雀”式专题调研学习，2023年，亳州市委中心组先后3次围绕推动高质量发展和支柱产业开展“集中调研＋集体研讨”式学习，建立市委中心组成员驻村进企蹲点调研制度，要求每人每年至少撰写一篇调研报告，2023年形成调研报告23篇。

第三项，“业务培训＋交叉观摩＋总结推广”。亳州市委宣传部、讲师团每两年开展一次全市党委中心组学习秘书培训班，采取理论辅导、业务培训、经验交流等方式，创建“列席旁听＋交叉观摩”新形式，每次列席旁听均邀请2—4名党委中心组学习秘书观摩学习、相互取长补短，努力让学习秘书在具体实践中提升服务能力和水平。

第七章

优化党委中心组的考核评估和问责

考核评估是激发干部学习内生动力和培训机构办学活力的有效手段。加强对学习情况的考核和考核结果的运用，对推动学习非常重要。探索以学习效益为指标的党委中心组考核评估体系，是全面提升党委中心组学习成效的重要内容。新修订的《学习规则》对学习管理与考核作出了具体要求，主要对中心组学习计划、考勤、考核等方面的规定要求进行修改完善，在加强管理、开展经验交流和学习秘书培训等方面作出具体规定，完善了督促指导和考核的措施，更好体现从严治学的要求。

第一节　以学习效益为指标，加强评估考核机制

构建党委理论中心组学习评估考核体系，要立足党员干部工作岗位的实际，采用科学的考核方法，全面客观地了解干部学习培训情况，并把考核结果作为考核领导班子和选拔任用领导干部的重要依据，注重选拔那些理论素养高、学习能力强、学用结合好、善于解决实际问题的干部，形成注重学习的用人导向，引导广大干部把兴趣、心思、精力放在学习上、放在干事创业上，真正做到学习和使用有机结合。

一、构建中心组学习评估考核体系的总体思路

全面提升党委中心组学习质量，要强化考核问责机制建设。《学习规则》第十八条规定："党委宣传部会同组织部等有关部门，负责理论学习中心组学习情况的督促指导和考核。督促指导可以通过列席旁听等方式进行。考核可以结合领导班子和领导干部年度考核进行。各级领导班子和领导干部应当在年度述职时报告学习情况，接受民主评议。机关工委、金融工委、教育工委、国资委党委等负责机关金融管理部门和国有企

事业单位党组织理论学习中心组学习情况的督促指导，并将有关情况报送同级党委宣传部、组织部。垂直管理或者双重领导并以上级单位领导为主单位的上级部门党组（党委）应当加强对本系统党组织理论学习中心组学习的督促指导。”①

《意见》要求：“各级党委中心组要纳入党建工作责任制、意识形态工作责任制考核，作为巡视巡察重要内容。各级领导班子和领导干部要结合年度述职、党组织抓党建述职评议考核等进行述学，报告党委中心组学习总体情况、个人参学情况，接受民主评议。对党委中心组学习开展不力、出现错误倾向产生恶劣影响的，应当按照有关规定问责。”

构建原则。一是以政治建设为统领，党委中心组学习必须坚持党的基本路线和基本方针，坚持用党的创新理论武装头脑，坚决维护党中央权威和集中统一领导。二是以思想建设为基础，坚持抓理论武装首先抓党的创新理论学习，把学习贯彻习近平新时代中国特色社会主义思想作为首要政治任务，认真贯彻落实《中国共产党党委（党组）理论学习中心组学习规则》，准确把握理论体系的科学内涵、精神实质、实践要求。三是坚持学习与中心工作的深度融合，党委中心组学习必须紧紧围绕党和国家工作大局，紧密结合本地区本部门实际，

① 《中国共产党党委（党组）理论学习中心组学习规则》，中国法制出版社 2024 年版。

着力解决理论与实践中的突出问题，推动工作取得实实在在的成效。

构建目标。一是建立科学的评估体系。结合党的二十大精神和习近平新时代中国特色社会主义思想，构建科学合理的学习内容和评估标准，确保评估体系与时代同步、符合组织需求。二是提升学习效果和学习能力。通过评估考核，激发党员干部的学习热情，推动学习深度和广度，提升学习效果，提升学习者的理论水平和实践能力。注重评估结果的反馈和指导作用，针对学习者的薄弱环节提供有针对性的培训和辅导，促进学习者能力的全面提升。三是营造良好学习氛围。建立公开透明、公平公正的评估机制，树立优秀学习者典型，营造学习氛围，推动全体党员干部争做学习模范。

构建方法。一是明确学习内容和标准。结合党组织工作实际和学习需求，明确学习内容和评估标准，确保评估内容与党的中心工作和重大决策相契合。二是多元化评估方法。采用考试、作业、项目评估、实践检查等多种方式，全面客观地评估学习者的学习成果和表现，确保评估结果的科学性和准确性。三是建立反馈机制。提供及时、有效的评估反馈，及时对学习者的学习成果进行总结和评价，指导学习者加强学习、提升能力。定期评估和调整评估体系，根据党组织工作的变化和学习者的需求，不断优化评估方法和指标，确保评估体系的及时性和有效性。

构建党委理论中心组学习评估考核体系，需要全面、科学和灵活的方法，确保评估工作的系统性、实用性和持续性，为党的理论学习提供有力的保障和支持。例如，山东省兖矿能源集团为了克服在理论学习上“学与不学一个样，学好学坏一个样”的弊端，制定并坚持了理论学习考核制度，坚持把学习和运用习近平新时代中国特色社会主义思想的情况作为评价考核各单位工作和领导干部实绩的重要内容，做到领导干部述职时要“述学”，群众评议干部时要“评学”，组织考核干部时要“考学”，领导检查工作时要“查学”，并把考核结果作为单位评先、选拔使用干部的重要依据。安徽省亳州市按照“四化三可”（“实化、量化、细化、具体化”“可比较、可检验、可考核”）标准，出台《亳州市党委（党组）理论学习中心组学习考核评价指标》，将党委中心组学习纳入党建工作责任制、意识形态工作责任制考核，作为巡察和意识形态专项检查必查内容、领导干部年度述职内容，每年定期通报学习情况，指出存在问题，提出改进举措，最大限度发挥考核通报的激励约束作用。

二、构建中心组学习评估考核体系的实施路径

构建中心组学习评估考核体系不仅是对学习成果和实践效

果的量化和定性分析，更是对学习活动各环节质量和效率的全面检验。为此，需要确立明确的评估目标和指标，设计合理的评估方法和程序，并建立完善的反馈和激励机制。考评路径应强调系统性、科学性和实用性，确保能够全面、准确地反映中心组学习工作的实际情况和存在的问题，为优化学习活动提供有力支撑。2007 年，在担任浙江省委书记时，习近平同志就设定考核内容程序和体系方法："我们要从坚持立党为公、执政为民的高度来考评干部的政绩，坚持抓好发展与关注民生的结合、对上负责与对下负责的结合、立足当前与着眼长远的结合，科学设定考核政绩的内容和程序，完善考评体系和方法。坚持按客观规律办事，重实际、鼓实劲、求实效，不图虚名，不务虚功，不提脱离实际的高指标，不喊哗众取宠的空口号，不搞劳民伤财的假政绩，扎扎实实地把各项工作落到实处。"

学习型组织的研究告诉我们，学习活动具有内在性、主观性和缄默性，对学习活动的价值判断是一项挑战性任务，而对于现有的传统评估方式的不恰当使用更是会对学习活动产生误导性判断，轻则破坏学习活动，重则影响学习型组织的建设。为此，我们按照三阶段评估方法将学习考核分成三个阶段：

第一阶段关注新的学习活动及其直接效果，即在新的学习活动中实现知识技能提升，该阶段的学习成果的特点是浅层、直接、可视化、可感知，其评估方法主要是主观自我评价、问卷调查、访谈询问、撰写心得报告、成果展示等。第二阶段关注新知识和新技能的运用，表现为推动中心工作的实际效能，如实施创新性的改革项目的进入，或者在试点项目中获得提升效果，其阶段性效果间接显示学习活动的有效性。主要的评估方法有政策行为的改变、组织学习氛围的提升或者创新性理论的提出、更具有创造性的学习思维。第三阶段关注学习成果在组织内部的扩散及延展，表现为组织整体的学习氛围的提升、学习能力的增强、学习成果转化为实际工作效能、党的中心工作进展程度等。理论学习中心组学习考核的三个阶段涉及个人、中心组和党组织三个层次，是一个立体的评估行动框架。以下是一个可能的评估体系，包括评估指标和具体标准（表 7–1）：

表 7–1 评估体系示例

类别	项目	指标	参考标准	考核方式
理论学习中心组成员个人	学习直接成果	个人学习的广度、深度与精度	熟练掌握并运用党的理论知识、历史、路线、方针、政策，工作中表现出的专业能力和领导水平是否有所提升	1. 理论知识考试：通过书面考试或电子考试的方式，考题形式可以包括选择题、填空题、简答题等 2. 案例分析报告：被考核者就某一实际问题或案例，编写分析报告，展示其应用党的理论知识、政策等进行问题分析和提出解决方案的能力 3. 口头答辩：被考核者就其对党的理论知识的理解和应用，以及在实际工作中取得的成绩进行陈述，同时回答评审委员会的提问

（续表）

类别	项目	指标	参考标准	考核方式
理论学习中心组成员个人	学习态度和行为表现	学习积极性、自主学习能力、学习效率	具有持续学习的意识和习惯,主动参与学习活动,能够有效地组织学习时间,能够在学习中提出问题并主动寻求答案	1. 数字化学习平台的数据追踪：分析成员的学习行为,包括学习时间、频率、完成的任务数量和质量等 2. 定期撰写学习日志或反思报告：记录学习过程中的发现、困难、思考和解决策略 3. 同伴评价和自我评价：让成员互相评估对方在学习过程中的积极性、自主性和效率,并进行自我反思
	学习资源利用情况	资源利用率	学习资料、专家讲座、网络平台等是否充足,讲座会议参与情况、学习活动参与率等	1. 设计问卷调查表进行调研：问卷内容可以包括对学习资料种类和数量的满意度、讲座会议的质量与频率、网络平台使用的便利性,以及个人参与这些活动的频率和积极性等方面的问题 2. 专家评审：邀请相关领域的专家或学者对现有的学习资料、专家讲座和网络平台进行评审,包括教材的更新频率、讲座内容的专业性和前沿性等 3. 小组讨论和反馈会：直接收集成员对学习资源、讲座会议和网络平台的使用体验和改进建议
	学习反馈和改进状态	个人复盘反馈与改进进程	能够及时给出学习活动的反馈意见,能够根据反馈意见及时调整学习方法和策略	1. 定期自评报告：要求个人在一定周期撰写自评报告,其中应包括个人在此周期内的主要成就、面临的挑战、采取的解决措施、学到的经验教训,以及未来的改进计划 2. 目标达成率分析：在理论中心组成员设定明确的改进目标和时间表后,通过定期检查这些目标、时间节点的达成情况来考核个人的改进进程

（续表）

类别	项目	指标	参考标准	考核方式
理论学习中心组	学习活动组织与管理	中心组的学习计划制订情况和组织执行情况	包括学习内容、时间安排、学习形式等是否合理、科学，会议召开、列席旁听是否有序、纪律是否严明、参与情况如何等	1. 学习计划的全面性和针对性考核：检查计划是否涵盖了所有必要的学习领域，以及是否针对中心组成员的需求和发展方向进行了定制 2. 执行进度和质量跟踪：设定具体的时间表和进度指标，定期收集执行数据，包括参与人数、活动完成度等，通过问卷调查、访谈等方式收集参与者对活动质量的反馈 3. 参与度与互动性评价：通过观察和记录参与者在学习活动中的表现来评估参与度，评估学习活动设计中的互动元素，如小组讨论、案例研究等及其执行效果
	协作与分享	理论学习中心组成员之间的协作和知识共享程度	理论学习中心组成员能够相互协助，共同学习和解决问题，能够分享学习心得和经验，形成良好的学习氛围	1. 小组讨论和案例分析：通过设定特定的主题或案例，让小组成员在限定时间内进行讨论，并提出解决方案。通过观察成员之间的互动、讨论的深度和广度以及最终的解决方案的创新性和实用性，可以评估他们的协作能力和共同解决问题的能力 2. 同侪评价：让学习中心的每个成员评价其他成员的贡献度、合作态度和分享精神。这种自下向上的评价方法可以提供关于个体在团队中作用和表现的多维度视角，同时也鼓励成员之间的正面互动和支持
	成果展示	学习收获成果、工作进展成果、创新成果、成功案例	完成的任务、解决的问题、创新的成果等，这些成果可以通过报告、演示、案例分析等方式展示出来，或提出新方案、新技术、新思路、新模式	1. 学习日志和反思报告：要求每个成员定期撰写学习日志和反思报告，内容包括自己在学习过程中的心得体会、与他人的互动经历、解决问题的过程和策略等 2. 案例分析演示：每个成员或小组选择一个或多个典型案例，进行深入分析，并在小组会议或研讨会上进行演示 3. 数据分析报告：要求成员基于实际的数据收集和分析，撰写数据分析报告。报告应包括数据收集的方法、数据分析的过程、发现的问题以及相应的解决策略等

（续表）

类别	项目	指标	参考标准	考核方式
理论学习中心组	学习能力	问题解决能力、创新能力、团队协作能力等	学习方法是否优化和创新，能否探索适合本组织特点的学习方式和路径，并及时借鉴他人成功的学习经验	1. 案例报告：要求成员研究并撰写案例报告，分析外部成功的学习方法创新案例或本组织内部的创新尝试，强调其应用价值和对组织的影响 2. 专家评审：通过专家评审小组对报告的深度、广度、分析质量和实际应用价值进行评估，促进理论与实践的结合
所在党组织	组织文化	组织对学习的重视程度和学习氛围	组织能够树立学习至上的文化理念，为学习提供良好的环境和条件，鼓励党员不断学习和创新	1. 环境评估问卷：设计一个详细的问卷调查，针对学习环境的各个方面进行评估，包括物理环境（如学习空间的舒适度、设备的先进性）、资源可用性（如资料的丰富性、获取的便利性）以及心理环境（如学习氛围的积极性、团队的支持性） 2. 内部交流与反馈机制检查：评估成员是否能够在学习过程中得到有效的指导和帮助，包括定期的学习进展会议、学习心得分享会等 3. 学习激励机制的有效性评价：通过分析学习中心组设立的激励机制（如奖学金、荣誉称号、学习资源的优先使用权等）的实施效果，对比激励措施实施前后的学习参与度、成果产出量等数据来评估这些激励措施是否有效
	成果转化运用	组织对学习成果的应用和推广	组织能够建立健全的学习成果评估和反馈机制，能够及时对学习活动进行评估，为学习成果转化提供支持，并用于推动中心工作发展	1. 学习成果案例分享会：组织学习成果案例分享会，邀请成员分享他们在学习过程中取得的成果和经验 2. 学习成果影响力评估：通过对学习成果的实际应用效果进行观察和统计，分析学习成果对工作流程、业务效率、创新能力等方面的影响，从而评估学习活动的效果和价值 3. 学习效果追踪调查：通过电话、网络或面对面的方式向成员收集反馈，了解他们在学习后的工作表现、知识应用情况以及对学习活动的评价

（续表）

类别	项目	指标	参考标准	考核方式
所在党组织	中心工作	学习与工作的深度融合,以学习成果推动工作发展的程度	能够将学习成果有效地运用到党组织工作中,推动党的工作实践和创新发展	1. 工作总结与评价：重点关注成员如何运用学习成果解决实际工作中遇到的问题、推动工作的进展以及取得的成绩 2. 现场观察与跟踪督导：派遣督导人员对理论学习中心组成员在党组织工作现场的实际表现进行观察和跟踪。通过实地了解成员的工作情况、沟通协调能力以及对学习成果的应用情况,评估其在工作中的实际表现和成效 3. 同行评议与互动交流：组织同行间的评议与互动交流活动,让成员互相交流工作经验、分享学习成果的应用心得,相互学习借鉴,共同提升工作水平

案例：湖南省委打造理论学习示范班、模范班

湖南省委高度重视中心组学习制度建设，推进依规治学、从严治学。2017 年，中共中央办公厅印发《中国共产党党委（党组）理论学习中心组学习规则》后，湖南省委及时出台贯彻落实的实施办法，制定《关于加强和改进党委（党组）中心组学习的十条措施》，明确将中心组学习纳入全省各级党委（党组）党建工作责任制、意识形态工作责任制、绩效评估指标体系、领导班子和个人年度述职报告内容，并对中心组学习十个方面的具体要求和工作流程予以明确，确保中心组学习有

规可依、依规运行。

在具体考核层面，湖南省委建立了党委（党组）中心组学习述学制度，要求各市州和省直行业系统党（工）委书记在每年年底召开的意识形态工作述职评议会议上，就中心组学习情况向省委述职，省委书记现场点评。此外，省委还依托专项巡视和专题督查加强对党委（党组）中心组学习情况的督促检查。省委巡视办联合省委宣传部对14个市州、22个县市区、27家省直单位、20所省属高校、16家省管企业党委（党组）中心组学习情况进行了监督检查；省委宣传部联合省直相关单位对市州、省直单位、省内本科院校和省属国有企业党委（党组）中心组学习情况进行了全覆盖督查，印发督查通报和整改清单，推动从严治学不断向纵深发展。

第二节　以不良现象为切口，强化依规问责机制

通过对不良现象进行深入剖析和整改，可以有效识别和纠正学习工作中存在的问题和缺陷。以不良现象为切口，问责机制必须建立在明确的责任主体、严格的责任追究和公正的处理程序基础上，确保责任能够明确、责任人能够落实、责任行为能够纠正。《学习规则》第十四条规定："对党委（党组）理论学习中心组学习开展不力、出现错误倾向产生恶劣影响的，应

当按照有关规定问责。”

一、依法依规问责处理

（一）健全问责机制的重要性

2016 年 1 月 12 日，在第十八届中央纪律检查委员会第六次全体会议上，习近平总书记强调：“党的十八大以来，我们在问责方面查了一些典型，体现了有权必有责、有责要担当、失职必追究，推动了‘两个责任’落实。当前的一个问题是，抓安全事故等行政问责多、抓管党治党不力问责少，问责规定零散、内容不聚焦。要整合问责制度，健全问责机制，坚持有责必问、问责必严，把监督检查、目标考核、责任追究有机结合起来，实现问责内容、对象、事项、主体、程序、方式的制度化、程序化。”健全党委理论学习中心组问责机制可以确保党委理论学习中心组成员正确理解和贯彻执行党的理论和路线方针政策，提高党的执政能力和领导水平。这对于适应复杂多变的国内外环境，推动经济社会发展具有重要意义。

提升决策质量和效率。通过建立健全的问责机制和程序，能够确保党委理论学习中心组成员深入学习、理解并准确贯彻执行党的理论和政策，有助于促进决策过程的民主化和科学化，从而提升决策的科学性和实效性，避免决策失误。

增强组织凝聚力和战斗力。明确的问责机制和程序可以激励党委理论学习中心组成员严格遵守党的纪律，强化责任感和使命感，增强团队的凝聚力和战斗力。这对于保持党的先进性和纯洁性，推动党和国家事业发展具有重要作用。

促进党内民主和监督。健全的问责机制和程序有助于实现党内监督的常态化和制度化，促进党内民主，确保党组织和党员领导干部能够在党内外接受监督。这有助于及时发现和纠正错误，防止和克服腐败现象。

增强人民群众的信任和支持。建立和完善问责机制和程序，能够有效地展现党的自我革新和自我完善的能力，增强党的透明度和公信力，赢得和保持人民群众的信任和支持。

案例：山西省党委中心组学习问责清单

对有下列情形之一的党委（党组），党委中心组学习第一责任人、直接责任人和其他成员，依据《中国共产党问责条例》《中国共产党纪律处分条例》等规定予以问责。

1. 未能坚守党委中心组学习政治定位，出现以工作部署、业务培训等代替党委中心组学习，弱化党委中心组学习政治性的；

2. 未能突出理论底色，出现把握党委中心组学习的思想理论特色不深刻，以一般性传达学习代替理论学习的；

3. 未能坚持问题导向，出现凌空蹈虚、流于形式等弘扬理论联系实际的马克思主义学风不实的；

4. 未能落实以集体研讨形式开展的党委中心组学习每季度不少于 1 次，党委中心组成员每年重点发言不少于 1 次的；未能落实党委中心组学习每年至少开展 1 次专题调查研究，党委中心组成员每年至少撰写 1 篇高质量调研报告的；

5. 未能健全完善党委中心组学习制度和工作机制，落实制度机制不严格，造成严重后果的；

6. 党委（党组）未能履行主体责任和领导责任，党委（党组）书记未能履行第一责任人职责，提高党委中心组学习质量、增强学习实效的；直接责任人未能认真履行组织、管理等具体职责的；党委中心组其他成员缺席集体学习次数超过 1/4，发挥示范引领作用不到位的。

（二）实施分类处理措施的途径

建立和健全党委理论学习中心组的问责机制是保证党的理论学习质量，提高党的领导能力和执政效率的重要措施。视情节严重程度可以分为四类：

一是诫勉谈话。对于那些轻微不履行或不正确履行职责的党委理论学习中心组成员，通过个别谈话的形式，指出其在理论学习和工作中的不足，明确改进的方向和要求，激励其自我反省和改正。

二是责令检讨。对于问题稍微严重，有一定影响但还不构成违纪的行为，要求相关理论学习中心组成员书面检讨，分析问题产生的原因，明确今后的改进措施，并在集体会议中进行通报，接受组织和同志们的监督。

三是组织调整。对于屡次教育不改，或问题较为严重，影响较大的理论学习中心组成员，通过组织调整或岗位变动，将其调离关键岗位或敏感岗位，限制其影响范围，同时给予改正的机会和时间。

四是免职处理。对于严重违反党的理论学习纪律，造成恶劣影响或严重后果的理论学习中心组成员，依据相关党纪和规定对其进行免职处理，严肃党内纪律，保证党的纯洁性。

（三）注重警示教育和落实整改

党委理论学习中心组在进行问责时，应当注重警示教育，问责的目的不仅在于惩治错误，更在于促进整改和提升，以达到教育引导、以案促改的目的。2019 年 5 月 31 日，习近平总书记在“不忘初心、牢记使命”主题教育工作会议上指出：“‘人患不知其过，既知之，不能改，是无勇也。’要把‘改’

字贯穿始终，立查立改、即知即改，能够当下改的，明确时限和要求，按期整改到位；一时解决不了的，要盯住不放，通过不断深化认识、增强自觉，明确阶段目标，持续整改。整改落实要防止虎头蛇尾、久拖不决，防止搞纸上整改、虚假整改，防止以简单问责基层干部代替整改责任落实，防止以整改为名，层层填表报数，增加基层负担。要把开展主题教育同树立正确用人导向结合起来，对领导班子和领导干部政治、思想、作风、履职能力等情况进行评估，及时提拔使用好干部，坚决调整处理对党不忠、从政不廉、为官不为的干部，形成优者上、庸者下、劣者汰的良好政治生态。”

警示教育是一项全局性、系统性的工作。首先，要注重从政治上把握警示教育的定位和作用，坚持系统观念，把警示教育和落实整改置于党委理论学习中心组学习中统筹考量，作为一种教育和引导的重要手段。可以通过深入剖析问责案例，揭示问题的严重性和危害性，引起党员干部的警惕。可以组织专题学习会议或开展警示教育活动，邀请专家学者解读相关案例，深入分析总结案件背后的原因和教训，引导党员干部从中吸取经验教训，提高政治觉悟和思想认识。此外，还可以通过开展警示教育专题讲座、撰写警示教育材料等形式，加强对党员干部的教育引导，不断强化党性修养和思想道德建设。其次，要加强监督检查，确保整改措施得以切实执行，防止“一问了之”和“敷衍塞责”现象的发生。同时，还应当建立健全激励和约束机制，对于整改工作取得显著成效的单位和个人进行表彰和奖励，对于拖延整改、敷衍塞责的单位和个人进行问责和处罚，形成严明的奖惩机制，切实推动问题的彻底解决。再次，要加强经验总结和交流，及时将整改中的好经验、好做法进行总结和推广，为今后工作提供参考和借鉴。

二、设置不良现象清单

党委（党组）理论学习中心组的不良现象的存在说明了当前党的理论学习中仍然存在一些形式主义、功利主义的倾向，未能真正把理论学习贯彻到党员、干部的实际行动中去。针对这些问题，习近平总书记强调了党的理论武装工作不能搞形式，必须持续往深里走、往实里走的重要性。这意味着，要注重学习的质量而不是数量，注重深度而不是表面，注重学以致用，将学到的理论知识与实际工作相结合，不断提高党员、干部的理论水平和实践能力。

（一）不良清单有哪些内容

依据国家法律法规和党内规章制度，明确不良现象的范围和涵盖内容以及可能引发不良后果的行为。判断不良现象应保持客观性，有充分的证据支持，不受主观偏见影响，不应凭空指责或主观臆断。不良清单应该公开透明，让广大党员、群众监督，避免形成封闭的学习圈子。

第一，清单范围和涵盖内容：

形式主义指只注重形式、不注重实质的倾向。在党委中心组理论学习中，形式主义表现为仅仅关注学习活动的形式，比如召开会议、听讲座、领取资料等，而忽视了深入学习理论的实质内容。这种现象导致党员干部对于理论知识的掌握程度不足，无法真正理解和运用理论指导工作。

空洞口号指的是学习内容缺乏深度，重复简单口号，缺乏实质性内涵。如果学习只是简单地重复一些口号和概念，而缺乏对这些口号背后原理和实践意义的深入解读，这种学习方式容易使党员干部产生盲目从众、机械式学习的倾向，难以真正提升思想境界和解决实际问题的能力。

官僚主义是指过分追求官僚规则和程序，而忽视实际工作效果的倾向。在党委中心组理论学习中，官僚主义可能表现为将学习活动仅仅视为一种形式，而不重视真正的理论学习效果。党员干部参与学习，可能仅仅为了达到学习任务指标，而不是真正关注理论学习对于提升自身素质和指导实践工作的意义。

教条主义指的是故步自封、不思进取，对新观点和新理论缺乏开放心态。在党委中心组理论学习中，教条主义可能表现为固守旧观念、死板认知，对于新理论、新观点缺乏接纳和理解。这种情况下，党员干部难以跟上时代的步伐，也难以有效地应对新形势、新任务，进而影响党的事业发展。

灌输式教育是指学习过程中只存在单向灌输，缺乏互动交流，理论学习中心组成员被动接受知识，缺乏思辨和批判能力。在党委中心组理论学习中，如果只是通过领导讲话、授课、传达文件等形式，而缺少与理论学习中心组成员的互动交流、讨论辩论，那么理论学习中心组成员难以真正理解和消化所学知识，也难以形成对理论的深刻理解和独立思考的能力。

第二，可能引发不良后果的行为：

思想滑坡。如果党委中心组理论学习出现上述不良现象，党员干部的思想容易滑坡，即思想僵化、主观片面、盲目从众。这种情况下，党员干部的思想理论水平无法得到有效提高，难以适应时代发展的需要，从而影响党的领导核心作用和先进性。

工作失误。党委中心组理论学习如果只是形式化、灌输式的，无法真正提高党员干部的理论水平和政治素养，那么在实际工作中就可能产生失误。这种情况下，党员干部无法准确把握党的路线方针政策，无法正确处理各种复杂情况，从而导致工作效果不佳，甚至产生严重后果。

队伍质量下降。如果党委中心组理论学习出现形式主义、官僚主义等不良现象，就会影响党员队伍的整体质量。这种情况下，党员干部的政治理论水平无法得到提高，队伍中就会出现思想不纯、作风不正、工作能力低下等问题，从而影响党的先进性和纯洁性。

舆论负面。如果党委中心组理论学习中的不良现象被舆论曝光，公众对党的评价就会受到负面影响。这种情况下，公众对于党员干部学习理论的不积极、不深入、不务实等现象会产生不满，从而损害党的形象和威信，影响党的团结稳定和群众基础。

（二）如何设置合理的不良现象清单

2023 年 4 月 3 日，习近平总书记在学习贯彻习近平新时代中国特色社会主义思想主题教育工作会议上指出：“要针对不同地区、不同领域、不同行业的特点分类指导，精准施策，防止‘一刀切’。要紧紧依靠地区部门单位党委（党组）开展工作，加强沟通交流，及时交换意见，推动问题解决。”设置合理的不良现象清单同样需要遵循以上原则，精准施策，以确保清单的全面性、有效性和可执行性。

设置原则。一是客观具体，不良现象清单的制定应当客观公正，避免受主观偏见和个人情绪影响；应当具体明确，条款清晰，避免模糊不清的表述，方便执行和监督。二是科学合理，不良现象清单的内容应基于理论和实践结合，符合党的政治要求和工作实际。三是动态更新，不良现象清单应随着时代和工作需要不断更新完善，保持与实际情况的一致性。四是参与共建，制定不良现象清单应当充分调研和广泛征求意见，使得清单内容更具代表性和权威性。

执行程序。一是设定检查周期，定期对党委中心组理论学习情况进行检查，对比清单内容，发现问题及时纠正。二是建立评估反馈机制，对不良现象清单中的现象进行评估，收集干部和群众的反馈意见，作为改进的依据。三是建立监督问责制度，对党委中心组理论学习存在的不良现象进行监督，发现问题要及时追责问责。四是培训引导，加强对党员干部的培训引导，提高其学习理论的积极性和主动性，确保党委中心组理论学习的质量和效果。五是公开透明，将不良现象清单公开透明，让党员干部了解不良行为的界定标准，以及发现问题的严重性和后果，促进大家自觉遵守党纪党规，不断提高学习质量。

案例：阜康市委理论学习中心组开展以案促改专题学习

2023 年 7 月，阜康市委理论学习中心组开展张子斌严重违纪违法案件以案促改专题学习，对《张子斌严重违纪违法案件一案六书两报告两建议》相关内容进行学习。

自阜康市开展张子斌严重违纪违法案件以案促改工作以来，阜康市委通过召开市委常委会议、市委理论学习中心组学习及警示教育大会等，结合张子斌严重违纪违法案件相关素材进行学习警示、交流反思，为召开专题民主生活会打牢了思想基础。阜康市委理论学习中心组结合张子斌严重违纪违法案件暴露出的突出问题，分别召开以案促改专题民主生活会。各单位党组主要领导要对班子对照检查材料亲自审核把关，班子成员要认真开展批评与自我批评，把自己摆进去、把工作摆进去、把思想摆进去、把责任摆进去，全面自查、彻底反省，切实吸取案件教训。四套班子成员要结合张子斌严重违纪违法案件 6 个方面的问题，认真落实党风廉政建设责任制。

三、深度推进协同配合

深度推进协同配合在问责党委理论学习中心组中具有不可替代的作用，协同配合可以增强党委理论学习中心组的集体智慧和决策效能，也是对党的组织原则的贯彻和实践。

（一）增强部门协同合力

在复杂的组织结构中，信息的流通和沟通往往受到阻碍，导致信息孤岛和决策滞后。增强部门协同合力不仅有助于优化资源配置、促进信息共享、提升组织应变能力，还能加强党对理论中心组学习的领导，确保党的方针政策得到有效的贯彻执行。习近平总书记多次强调各部门正确定位、合理分工、增强合力的重要性，党的有关机构可以同职能相近、联系紧密的其他部门统筹设置，实行合并设立或合署办公，使党和国家机构职能更加优化、权责更加协同、运行更加高效。加强党委理论学习中心组与纪检监察机关、行政部门的沟通和协作，形成监督问责合力，具有重要的意义和必要性。

党委理论学习中心组是党的重要组成部分，其理论学习中心组成员应当严格遵守党的纪律和法规。通过加强与纪检监察机关的沟通和协作，可以实现监督职能的互补和强化，有效发现和处理党内违纪违法问题，保持党的纯洁性和先进性。与行政部门加强沟通和协作，可以及时了解国家政策和法规的最新动态，为党委理论学习中心组的决策提供参考和支持，确保决策的科学性和合法性。

（二）加强跟踪和评估

实施问责结果的跟踪和评估是确保问责措施落到实处、问题得到根本解决的关键步骤，它涉及对问责措施执行情况的监督、效果的评价以及必要时的再问责。

一是建立问责结果跟踪和评估的制度和程序。明确责任主体和工作流程，确保每一次问责都能够得到跟踪和评估。指定专门的组织或部门，负责问责结果的跟踪和评估工作，确保有专人负责、专门监督。明确问责后的跟踪评估标准和指标，包括整改措施的实施进度、效果评估标准等，使评估工作有据可依。

二是及时反馈与适当公开。将跟踪评估的结果反馈给被问责单位和个人，让其明确自身存在的问题和不足，以及下一步的改进方向。在确保不泄露国家秘密、工作秘密和个人隐私的前提下，适当公开问责结果和跟踪评估的情况，接受社会监督，增强问责的透明度和公信力。

三是定期开展问责结果的评估调研。收集党员干部和群众的意见建议，了解问责效果和影响，为问责机制的改进提供依据和参考。根据跟踪评估和经验总结的情况，及时修订和完善问责机制，弥补制度漏洞，提高问责的针对性和有效性。

附录 1　党委中心组学习制度发展大事记

● 1993 年 11 月，中共中央发出《关于学习〈邓小平文选〉第三卷的决定》，明确使用“党委中心组的学习”这个表述。《决定》明确提出：“各省、自治区、直辖市、中央党、政、军各部门，都要做出安排，特别要抓好党委中心组的学习。”

● 1995 年 6 月，中宣部、中组部联合召开经验交流会，提出要进一步使省部党委中心组学习规范化、制度化。这次会议第一次对党委中心组学习制度的形成和发展作出了科学定位和高度评价。

● 2000 年，中组部、中宣部又联合下发了《关于加强和改进党委（党组）中心组学习的意见》，对党委中心组学习制度提出了全面要求和具体规定。

● 2004 年 6 月，在深入调研的基础上，中宣部和中组部在京联合召开党委中心组学习经验交流座谈会。

● 2008 年 9 月 1 日，以中央办公厅文件的形式下发到县团级，有力地推进了党委中心组学习制度的完善和发展。

● 2017 年 1 月，中共中央印发了《中国共产党党委（党组）理论学习中心组学习规则》，该规则对党委中心组学习的组织和职责、学习内容、形式与要求，学习管理、考核与问责等进行了详细的规定。

● 2023 年 9 月，中央宣传部和中央组织部印发了《关于进一步提高党委（党组）理论学习中心组学习质量的意见》的通知，重点对中心组学习的定位、切实改进学习的方式方法、健全完善相关工作机制等内容进行了明确。

● 2024 年 4 月 19 日，中共中央办公厅印发了《中国共产党党委（党组）理论学习中心组学习规则》，对 2017 年的《学习规则》进行了修订和完善，对中心组学习性质、目的、遵循原则、人员组成、职责分工、内容形式、具体要求，管理考核做了进一步明确。

附录 2　党委中心组学习有关文件

1.《中央关于高级学习组的决定》

2.《关于高级学习组组织条例的规定》

3.《关于实施高级学习组组织条例的通知》

4.《中共中央关于在全党深入学习邓小平理论的通知》

5.《中共中央组织部 中共中央宣传部关于加强和改进党委（党组）中心组学习的意见》（2000 年）

6.《中共中央组织部、中共中央宣传部关于建立县级以上党政领导干部理论学习考核制度的若干意见》

7.《中共中央关于进一步加强和改进党委（党组）中心组学习的意见》中办发〔2008〕17 号

8.《中共中央办公厅关于推进学习型党组织建设的意见》

9.《中国共产党党委（党组）理论学习中心组学习规则》

（2017 年 1 月；2024 年 4 月修订）

10. 中宣部、中组部《关于进一步提高党委（党组）理论学习中心组学习质量的意见》（中宣发〔2023〕13 号）

附录3　关于进一步提高党委（党组）理论学习中心组学习质量的意见

党委（党组）理论学习中心组（以下简称党委中心组）学习，是各级党委（党组）领导班子和领导干部在职理论学习的重要组织形式，是加强党的政治建设、严肃党内政治生活、强化党性修养的重要制度安排。党的十八大以来，以习近平同志为核心的党中央高度重视党员干部理论学习，习近平总书记作出一系列重要论述，提出一系列明确要求，为加强和改进党委中心组学习提供了根本遵循。特别是《中国共产党党委（党组）理论学习中心组学习规则》印发以来，各级党委中心组坚持把学习贯彻习近平新时代中国特色社会主义思想作为重中之重，不断丰富学习内容、创新学习方式、规范学习管理、提高学习效果，有力推动党委中心组学习制度化规范化建设，有力提升各级领导干部政治能力、理论素养和工作本领，有力促进用党的创新理论武装头脑、指导实践、推动工作。

当前，世界百年未有之大变局加速演进，实现中华民族伟大复兴进入关键时期，我国发展面临新的战略机遇、新的战略任务、新的战略阶段、新的战略要求、新的战略环境，必须把加强学习、增强本领摆在更加突出的位置，充分发挥党委中心组学习示范引领作用，使广大党员干部思想、能力、行动跟上党中央要求、跟上时代前进步伐、跟上事业发展需要。面对新形势新任务，党委中心组学习还有一些不适应的地方，学习定位把握不够准确、学习不够主动、研讨不够深入、制度执行不够有力、学用结合不够紧密等现象还不同程度存在，党委中心组学习的质量亟待进一步提高。必须从深入推进党的新的伟大事业和党的建设新的伟大工程的战略高度，充分认识党委中心组学习的重要意义，着力提高单位中心组学习质量，有效带动全党大学习，全面提高执政本领，牢牢掌握历史主动，更好肩负起新时代新征程党的使命任务。

一、指导思想和主要原则

1. 指导思想。坚持马克思列宁主义、毛泽东思想、邓小平理论、“三个代表”重要思想、科学发展观，全面贯彻习近平新时代中国特色社会主义思想，坚持思想建党、理论强党，突出党委中心组学习的政治性、理论性、实效性，全面提高学习质量和水平，推动全党更好用党的创新理论武装起来，深刻领悟“两个确立”的决定性意义，增强“四个意识”、坚定“四个自信”、做到“两个维护”，以实际行动筑牢理想信念、践行初心使命，为强国建设、民族复兴提供坚强政治保证和强大精神动力。

2. 主要原则。坚持正确方向，坚定自觉用党的创新理论统一思想、统一意志、统一行动，始终在政治立场、政治方向、政治原则、政治道路上同以习近平同志为核心的党中央保持高度一致。坚持质量为先，辩证把握党委中心组学习数量和质量、形式和内容、过程和效果的关系，确保学在新处、学在深处、学在实处。坚持守正创新，不断推进观念理念、体制机制、方法手段、平台载体等创新，使党委中心组学习更好体现时代性、把握规律性、富于创造性。坚持从严治学，压实学习责任，健全学习制度，强化学习管理，进一步提高学习制度化规范化水平。

二、牢牢把握党委中心组学习的根本要求

3. 坚守政治定位。党委中心组学习要以政治学习为根本，把旗帜鲜明讲政治的要求体现到学习全过程。科学设置学习内容，时刻关注党中央在关心什么、强调什么，时刻关注党中央

确定的大政方针和作出的决策部署，时刻关注新时代坚持和发展中国特色社会主义、以中国式现代化全面推进中华民族伟大复兴面临的重大课题，使学习的内容紧扣“国之大者”，充分体现党中央精神和要求。学习中要始终坚持从政治上看问题，善于把握政治大局，深刻理解政治逻辑，使讲政治从外部要求转化为内在主动，不断提高政治判断力、政治领悟力、政治执行力，真正做政治上的明白人。注意区分政治学习与业务学习，防止以工作部署、业务培训等代替党委中心组学习，弱化党委中心组学习的政治性。

4. 突出理论底色。党委中心组学习要着眼提高领导干部理论素养，努力掌握和运用马克思主义立场观点方法，真正把马克思主义看家本领学到手。把学习习近平新时代中国特色社会主义思想作为首要任务，坚持读原著学原文、悟原理知原义，在全面系统、学深悟透上下功夫，既准确掌握这一思想的科学体系、丰富内涵、实践要求，又深入领会这一思想的世界观、方法论和贯穿其中的立场观点方法，做到知其言更知其义、知其然更知其所以然。学习中要发扬学到底的钻研精神，自觉加强战略性、基础性、前沿性研究思考，使党委中心组学习的过程成为不断厚实理论功底、提高科学思维能力的过程。注意区分党委中心组学习与党委常委会学习等其他学习形式的不同功能，深刻把握党委中心组学习的思想理论特色，防止以一般性传达学习代替理论学习。

5. 强化问题导向。党委中心组学习要弘扬理论联系实际的马克思主义学风，把研究解决问题作为学习的出发点和落脚点，更好把科学理论转化为推动高质量发展、增进民生福祉、防范化解风险的思路举措，转化为全面从严治党、推进自我革命的实际行动。坚持带着问题抓学习，聚焦实践遇到的新问题、本地区本部门本系统改革发展稳定存在的深层次问题、人民群众急难愁盼问题、党的建设面临的突出问题等，把自己摆进去、把职责摆进去、把工作摆进去，做到学思用贯通、知信行统一。学习中要坚持实事求是、求实务实，研究真问题、真研究问题，找到应对风险考验、克服本领恐慌的有效办法，防止凌空蹈虚、流于形式，真正做到学以致用、用以促学、学用相长。

三、切实改进党委中心组学习的方式方法

6. 用好个人自学。个人自学是党委中心组学习的重要基点。党委中心组成员要根据党委中心组学习计划，结合工作需要和个人实际，列出年度自学清单，明确目标任务。要把个人自学作为党委中心组开展集体学习研讨的前置环节，研讨主题确定后，党委中心组成员要安排一定时间认真自学。党委中心组成员要强化爱读书、读好书、善读书的自觉意识，经常性阅

读马克思主义经典著作和中华优秀传统文化著作、理论辅助读物及其他相关理论书籍，善于做读书笔记，撰写读书心得或理论文章。

7. 做实集体研讨。集体研讨是党委中心组学习的主要形式。要坚持以专题化研讨为主，采用学习会、读书班等形式，围绕明确的主题、安排充足的时间开展研讨式学习。党委中心组成员要做到自己写、主动讲，在深入思考的基础上，认真撰写发言提纲，积极参加研讨交流，确保研讨有深度、有质量、有收获。集体研讨在安排重点发言的同时，倡导随机式、互动式发言，在充分讨论、思想碰撞中互相启发、深化共识。以集体研讨形式开展的党委中心组学习每季度不少于 1 次，党委中心组成员每年重点发言不少于 1 次。

8. 加强调查研究。调查研究是党委中心组学习的重要环节。要把调查研究贯穿学习始终，联系学习主题开展务实有效的调研活动，以更强的现实针对性推动学习不断深入。党委中心组成员要结合本职工作，采取实地走访、座谈交流、小组讨论、线上互动等方式，把情况摸清、把问题找准、把对策提实，用扎实的调研成果为党委中心组学习提供有力支撑。党委中心组学习每年至少开展 1 次专题调查研究，党委中心组成员每年至少撰写 1 篇高质量的调研报告。

9. 拓展形式载体。党委中心组可适当邀请领导干部、专家学者、先进模范人物等作专题辅导或事迹报告。要充分利用红色资源、科创资源、文化资源和各级各类党员教育培训基地等，组织开展情景式、沉浸式、体验式、案例式学习。用好“学习强国”学习平台、“共产党员”教育平台、中国干部网络学院等网络学习平台，开展形式多样的网上学习。倡导开展跨部门、跨地区、跨系统、跨层级主题联学、上下联学、共建联学，共享学习资源，共同提升学习质量和效果。

四、健全完善党委中心组学习的工作机制

10. 严格组织管理机制。各级党委（党组）贯彻落实党中央和上级党组织有关学习要求，结合实际对本地区本部门本系统党委中心组学习工作进行统筹。除党中央和上级党组织部署、本级党委（党组）统筹安排之外的学习内容，原则上不纳入党委中心组统一学习，确需纳入的内容须事先征求同级党委宣传部意见，结合实际研究确定有关学习安排。严格落实党委中心组学习的各项管理制度，抓好抓实学习计划制订、集体研讨组织、学习情况报送和通报等重点工作，探索采用数字化手段加强学习管理。严格授课人和授课内容的政治把关，确保学习严肃规范、有序有效。

11. 抓好列席旁听机制。建立健全列席旁听工作机制，加强对党委中心组学习的督促指导。通过现场旁听、座谈调研、

查阅资料等方式，深入了解党委中心组学习的组织实施、制度建设、实际效果等情况，并以适当形式反馈。党委宣传部会同组织部、讲师团等有关部门和机构，负责党委中心组学习列席旁听工作。有关党的工作委员会负责同级机关、企事业单位党委中心组学习列席旁听工作，并将有关情况报送同级党委宣传部、组织部。垂直管理部门的上级部门党委（党组）要加强对垂直管理部门党委中心组学习的督促指导。

12. 强化考核问责机制。各级党委中心组学习情况要纳入党建工作责任制、意识形态工作责任制考核，作为巡视巡察重要内容。各级领导班子和领导干部要结合年度述职、党组织书记抓党建述职评议考核等进行述学，报告党委中心组学习总体情况、个人参学情况，接受民主评议。对党委中心组学习开展不力、出现错误倾向产生恶劣影响的，应当按照有关规定问责。

13. 落实成果转化机制。聚焦学习成果转化质量，建立健全有效工作机制，努力把党委中心组学习成效转化为推动工作的具体行动。对党委中心组学习中形成的重要成果，相关工作部门要抓好转化运用，及时进行总结梳理，党委宣传部采取适当方式开展宣传推介，形成学干结合、以学促干的良好局面。

五、着力加强党委中心组学习的组织领导

14.压实领导责任。推动各级党委（党组）切实负起抓党委中心组学习的主体责任，经常研究学习情况，及时解决突出问题，抓好督促落实。党委（党组）书记作为党委中心组学习第一责任人，带头学习、作出表率，切实负起提高学习质量、增强学习实效的领导职责。党委（党组）负责宣传思想文化工作的成员，认真履行直接责任人职责，协助党委（党组）书记做好学习的组织、管理等工作。党委（党组）其他成员抓好自身学习，发挥示范带动作用。

15. 做好服务保障。各级党委中心组要充分发挥学习秘书作用，落实好组织协调、服务保障等工作。宣传部、办公厅（室）、组织部、讲师团、机关党委等相关部门和机构要明确自身职责，加强沟通配合，协助学习秘书共同做好学习服务工作。有针对性地推荐学习书目、提供辅导材料，为党委中心组成员深入开展个人自学和集体研讨创造良好条件。有计划地开展学习秘书培训，提高学习秘书理论素养和业务能力。各级财政要充分保障党委中心组学习经费。

16. 加强经验交流。各级党委中心组要立足实际、积极探索，深入总结提炼工作中形成的创新做法和有益经验。搭建形式多样的学习交流展示平台，不定期组织召开学习交流会，加强互学互鉴，实现互促共进。做好党委中心组学习的典型宣

传，运用报刊、广播、电视、网络等广泛宣传报道好经验好做法，增强党委中心组学习的示范效应，营造学习的浓厚氛围。

附录4　深入学习把握和贯彻落实《规则》——有关部门负责同志访谈[①]

本刊编辑部

问：为什么要对《规则》进行修订？

答：2017 年 1 月印发的《规则》作为关于中心组学习的专门党内法规，在推进中心组学习制度化、规范化，推动理论武装深入开展，提高领导干部理论水平和工作能力等方面发挥了重要作用。同时也要看到，随着党的理论创新和理论武装的

① 中共中央印发的《中央党内法规制定工作规划纲要（2023—2027 年）》明确提出："修订《中国共产党党委（党组）理论学习中心组学习规则》，发挥好'关键少数'在学习贯彻党的创新理论中的示范带动作用。"近期，中共中央办公厅发布新修订的《中国共产党党委（党组）理论学习中心组学习规则》（以下简称《规则》）。为帮助各级中心组深入学习贯彻《规则》，高质量开展好中心组学习，本刊采访有关部门负责同志就《规则》修订情况特别是最新精神进行了解读。摘自《党委中心组学习》，2024 年第 3 期，第 105—109 页。

深入推进，《规则》中的一些内容和表述已经不适应新的形势、新的要求。党的二十大报告强调，要“完善党内法规制度体系，增强党内法规权威性和执行力”。新修订的《中国共产党章程》对党员组织开展学习进一步提出了明确要求。因此，及时修订《规则》，是贯彻落实党中央精神、推动领导干部深入学习贯彻习近平新时代中国特色社会主义思想的重要举措，也是加强和改进中心组学习工作的现实需要。

问：新修订的《规则》体现了哪些主要特点？

答：一是体现与时俱进。紧跟党的创新理论发展步伐，充分体现马克思主义中国化时代化最新成果，充分体现习近平总书记关于加强领导干部理论学习、加强党的思想建设和推进依规治党的新思想新观点新论述，充分体现新时代党和国家事业发展的新形势新任务新要求。

二是体现问题意识。着眼各级中心组学习存在的共性问题，特别是制约中心组学习质量和制度化、规范化水平提升的突出因素，明确了解决存在问题的原则、要求和措施，以切实有效的制度设计提升学习的针对性和实效性。

三是体现实践导向。针对中心组学习制度化、规范化的实际需要和各地各部门开展中心组学习的客观情况，增强相关制度举措、量化标准的可操作性。同时，将一些实际工作中比较成熟和广泛认可的做法、经验等提炼为制度条款，更好体现各地各部门创新实践。

问：请介绍一下《规则》修订的主要内容。

答：新修订的《规则》共5章22条，相比2017年《规则》的5章17条，新增了5条条款，对14条条款进行了修改完善。

第一章“总则”部分，主要对制定《规则》的目的依据和中心组学习的性质、定位、原则进行了修订完善，更加突出中心组学习的政治要求、更加注重提高学习质量。特别要强调的是，中心组学习是政治学习、理论学习，着眼的是政治建设、理论武装，学习的目的是学以致用、服务大局，什么时候都不能冲淡这一主题，脱离这一原则。

第二章“组织与职责”部分，主要对中心组成员的职责分工和学习秘书人选等方面的规定要求进行了修改完善，进一步明确中心组学习组织领导的责任分工，对党委（党组）书记主要职责作出具体规定。

第三章“学习内容、形式与要求”部分，在学习内容上，作了较大程度的更新与补充，比如，明确提出“以深入学习贯彻习近平新时代中国特色社会主义思想为主题主线”，增加学习中华优秀传统文化、全面推进中国式现代化所需要的各方面知识等内容；在学习形式上，对集体学习研讨、个人自学、专题调研等作出更加清晰的界定；在学习要求上，针对学习质量和数量问题作出一些具体规定。

第四章“学习管理与考核”部分，主要对中心组学习计划、考勤、考核等方面的规定要求进行修改完善，在加强管理、开展经验交流和学习秘书培训等方面作出具体规定，完善了督促指导和考核的措施，更好体现从严治学的要求。

第五章“附则”部分，主要依据党内法规相关条款的规范性表述进行了修改。总的看，《规则》修订有不少创新之处，比如，将中心组学习制度的约束力提到了新的高度，对中心组学习作出更加严密、更加稳定、更加刚性的规定；对中心组学习作出了更为全面的定位，将实践中的一些好经验好做法用制度的形式固定下来，进一步突出了中心组学习的重要性，提高了中心组学习的地位；对中心组学习的要求作出了新的安排、严格的规定，有利于保障中心组学习更加规范有序、更有实效；等等。

问：贯彻落实《规则》应如何把握好基本精神和根本要求？

答：要把握好基本精神。中心组学习是各级党委（党组）领导班子和领导干部在职理论学习的重要组织形式，是用党的创新理论武装全党、教育人民、指导实践工作体系的重要组成部分，是加强党的政治建设、严肃党内政治生活、强化党性修养的重要制度安排，是建设马克思主义学习型政党、提高党的执政能力和领导水平的重要途径。做好中心组工作，要时刻把这个定位思考清楚、认识到位，还要把握好中心组学习的主题主线。概言之，中心组的“中心”任务，就是学习习近平新时代中国特色社会主义思想，中心组学习的本质就是以理论学习强化政治意识，必须紧紧围绕学懂弄通做实习近平新时代中国特色社会主义思想这一主题而展开，始终扭住这个主题不松懈、不游离。

要把握好根本要求。第一，中心组学习必须突出政治性，通过深入学习党的创新理论锤炼品格强化忠诚。要以政治学习为根本，把旗帜鲜明讲政治的要求体现到学习全过程，不断打牢坚定拥护“两个确立”、坚决做到“两个维护”的思想根基，始终在思想上政治上行动上同以习近平同志为核心的党中央保持高度一致。要注意区分政治学习与业务学习，坚守政治定位，防止以工作部署、业务培训等代替中心组学习。第二，中心组学习必须突出理论性，把学习掌握马克思主义理论作为看家本领。要在全面系统、学深悟透上下功夫，深入理解把握党的创新理论蕴含的道理学理哲理，不断提高理论素养，增强党性修养，提升思想境界。要注意区分中心组学习与党委常委会学习等其他学习形式的不同功能，突出理论特色，防止以一般性传达学习代替理论学习。第三，中心组学习必须突出实效性，大力弘扬理论联系实际的优良学风。习近平总书记反复强调学风问题，并将其作为关系党的事业兴衰成败的重大政治问题。我们党的学习从来不是为了装点门面，而是为了更好地改造主观世界和客观世界，特别是面对新时代新征程的使命任务，面对纷繁复杂的国内外形势，只有坚持学用结合、知行合一，才能有效应对前进中的各种问题和挑战。要大力弘扬马克思主义学风，把学习理论和实际工作结合起来，强化问题导向，加强调查研究，在工作中不断有所发现、有所创造、有所突破。

问： 2023年9月，中共中央宣传部、中共中央组织部联合印发《关于进一步提高党委（党组）理论学习中心组学习质量的意见》（以下简称《意见》），贯彻落实中如何处理好《意见》和《规则》的关系？

答：《意见》和《规则》，都是近一段时间以来围绕加强和改进党委（党组）理论学习中心组学习制定的党内法规文件。《规则》是管全面的，涉及中心组学习的各方面各环节；《意见》则主要着眼提高学习质量和水平，提出针对性强的举措。可以说，两个文件侧重点各有不同，但其内在要求、精神实质是相通的，贯彻落实时应一体执行，共同推进。要以《规则》为纲，全面领会其部署，同时把握好《意见》以提高中心组学习质量为重点作出的细化要求和安排。